Discover China

STUDENT'S BOOK ONE

学生用书1

Introduction

Discover China is a four-level Mandarin Chinese course, specially designed for beginner to intermediate level students studying Chinese in English-speaking countries. It employs a communicative and integrated approach to language learning. Emphasis is placed on communication in real contexts through pair work, group work and a variety of independent and integrated activities to help students become confident Chinese language speakers.

Key features

Discover China's unique communicative course design includes a number of distinctive features:

- **Topic-driven content in real-life contexts** gets students engaged and motivated. The topics in each book are organized around the lives and travel experiences of five young students in China.

- **A truly communicative approach** lets students learn the language by using it in real-life situations, providing them with the tools they need to communicate in Chinese naturally.

- **Structured and effective learning design** based on the sequence "presentation, practice and production", with activities moving from controlled practice to personalized tasks, facilitates effective learning of the language.

- **Systematic vocabulary and grammar development** comes through topic-based practice and extension exercises. The lexical syllabus is based on levels 1-3 of the HSK Proficiency Test and the grammatical syllabus takes students up to the Vantage level (level B2) of the Common European Framework.

- **Student-centred grammar learning supplemented with detailed grammar reference** allows students to discover the rules for themselves through identifying patterns in the language samples. They can consult the grammar reference for comprehensive and detailed explanations.

- **Meaningful and integrated character writing practice** through grouping characters with common radicals. These high-frequency characters are presented within the context of the unit theme.

- **Insights into Chinese culture**, through "Cultural Corner" sections linked to the unit topics, promote a deeper cultural understanding. Fascinating full-colour photos, showing the real China, provide visual appeal and draw students into this diverse culture.

- **Simplified Chinese characters** are used to facilitate learning of the written language used by the majority of Chinese speakers.

- **Extra pair work activities** for each unit provide additional communicative speaking practice.

- **Supported by abundant resources** including workbooks, teacher's books, MP3 downloads, extra speaking activities and other online materials.

Workbook

The Workbook provides extensive consolidation of the language skills and knowledge taught in the Student's Book.

Each Workbook unit features clear language objectives which correspond with the Student's Book unit structure and activities. A wide variety of vocabulary and grammar exercises, as well as extra reading and listening activities, provide practice of the core language presented in the Student's Book. Writing practice sections give students the option to extend their Chinese character writing skills beyond the Student's Book requisites. A self-assessment at the end of each unit using "I can…" descriptors enables students to reflect on their individual progress.

Storylines

The story told over the course of *Discover China* follows five main characters, young students who meet at a university in Beijing. The situations they encounter, as the *Discover China* series progresses, present key vocabulary and language points in real-life contexts.

- **Book 1** presents the fundamentals of the Chinese language, following these characters' day-to-day lives in Beijing. From simple introductions to going shopping, to eating out or playing sports, learners encounter a broad range of situations and learn the basic language skills they require.

- **Book 2** presents "survival Chinese" for travel and living in China as the characters hit the road on their summer holidays. They see the Terracotta Warriors in Xi'an and come face to face with pandas in the mountains near Chengdu, make new friends and broaden their knowledge of Chinese to handle typical subjects such as food and drink, hotels, sightseeing and getting help.

- **Book 3** takes a deeper look at the diverse culture of China. Steve lands his dream job as a photojournalist, and is sent on an assignment to photograph exciting places all over China. Anna pursues her love of Chinese history, and does some travelling of her own as she works on a research project. Both learn a great deal about the rich variety of Chinese customs, history and society.

- **Book 4** prepares students for using Chinese for work purposes. Mark becomes an intern at a multinational company in Shanghai, taking part in meetings, writing emails and preparing presentations. Wang Yu gets a job in the travel industry, guiding tours from sunny Hainan to icy Harbin. Both gain valuable experience in working with colleagues, customers and partners in China.

What's to come in Book 2

Title	Key grammar
Unit 1 你去过上海吗？ Have you ever been to Shanghai?	• Relative clauses as modifying phrases • Expressing past actions using 是……的 • Expressing succession using 就 and 才 • Using modal verbs 应该, 可能, 得 • Duplication of adjectives 地地道道, 开开心心 • Expressing future tense using 要 and 会 • Double subjects in Chinese sentences • Expressing equally important qualities using 又……又…… • Making comparisons using "A比/没有B + adjective" • Making comparatives and superlatives with 更 and 最 • Expressing distance using "从A到B" • Expressing sequence of events using 先……然后…… • Expressing existence using 着 • Expressing additional reasons using 除了……以外, 还…… • Expressing concurrent events using 一边………一边…… • Noun phrase with 的 • Duplication of verbs 看一看/试一试 • Passive voice with 被 • Simple directional complements 进来 and 坐下 • Describing appearance using "subject + verb + 着 + noun" • Expressing continuous tense using 正在 • Expressing cause and effect using 因为……所以…… • Giving instructions using imperatives • Expressing similarities using 跟/和……一样
Unit 2 新年好！ Happy New Year!	
Unit 3 去哪里好呢？ Where shall we go?	
Unit 4 终于到西安了！ Xi'an, at last!	
Unit 5 你们还有房间吗？ Do you have any vacancies?	
Unit 6 请给我三张学生票。 Three student tickets, please.	
Unit 7 我们应该吃川菜！ We should have Sichuan food!	
Unit 8 我可以试一试吗？ Can I try this on?	
Unit 9 这里的风景美极了！ The scenery here is amazing!	
Unit 10 她长什么样子？ What does she look like?	
Unit 11 我觉得不舒服。 I'm not feeling so well.	
Unit 12 你会喜欢她的！ You'll really like her!	

Unit structure

Student Book 1 | Unit 8 How much is it? 多少钱？

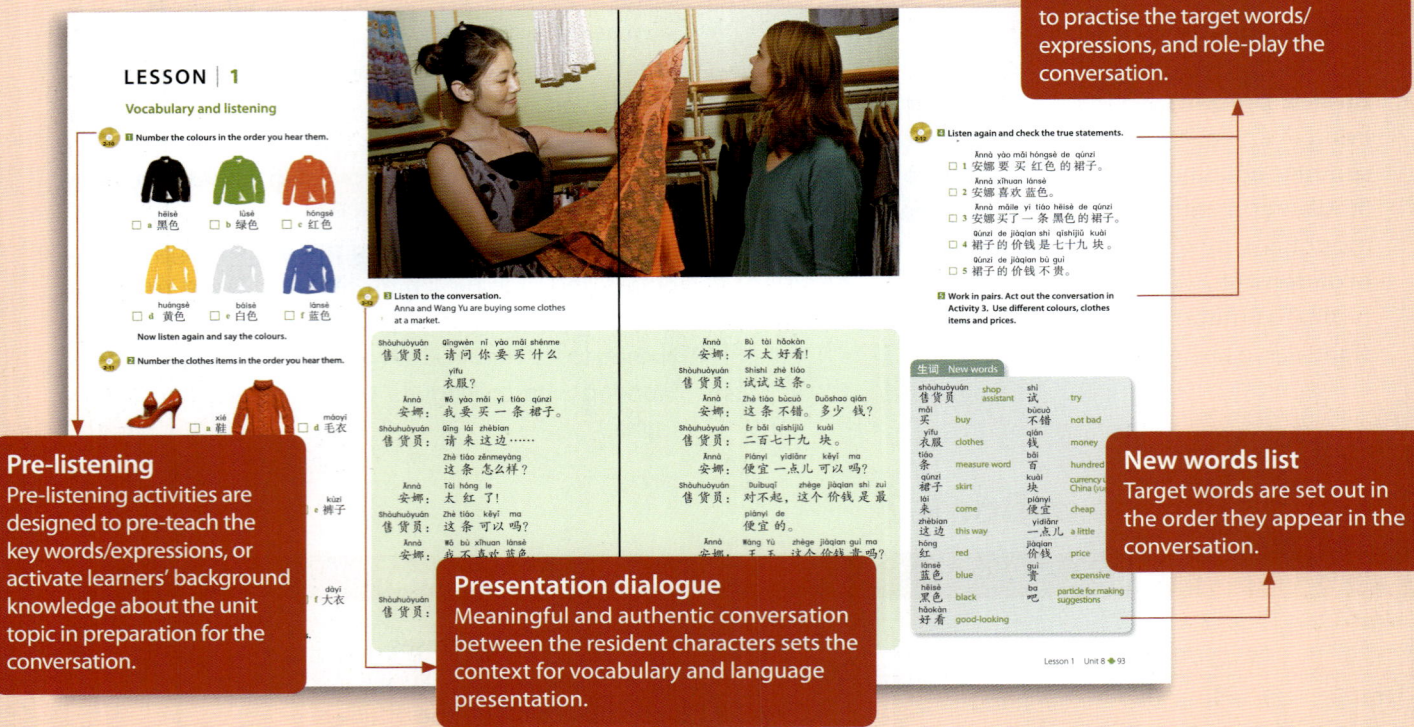

Post-listening
Comprehension questions are used to check understanding.
Controlled activities allow students to practise the target words/expressions, and role-play the conversation.

Pre-listening
Pre-listening activities are designed to pre-teach the key words/expressions, or activate learners' background knowledge about the unit topic in preparation for the conversation.

Presentation dialogue
Meaningful and authentic conversation between the resident characters sets the context for vocabulary and language presentation.

New words list
Target words are set out in the order they appear in the conversation.

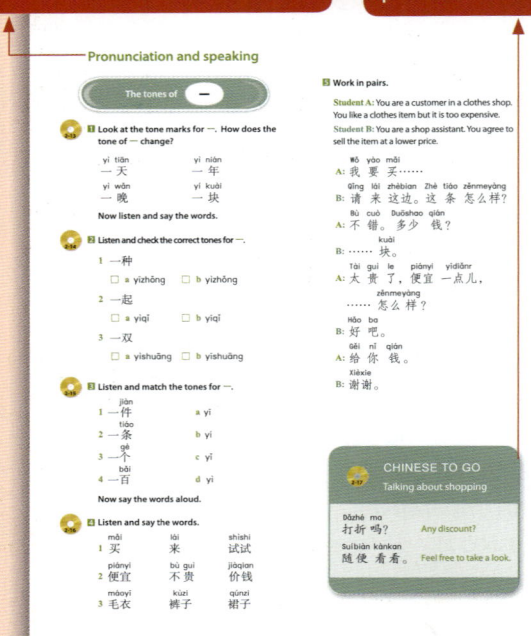

Pronunciation
Difficult pronunciation points for English speakers are presented and practised in context to prepare students for communicative activities in the unit.

Chinese to go
Simple and useful colloquial expressions or language "chunks" of immediate use are provided to learners.

Pre-reading
Pre-reading activities are designed to pre-teach the key words, or activate students' background knowledge about the unit topic in preparation for the reading passage.

Reading
Reading texts cover a wide range of text types relevant to students' everyday lives, such as diaries, text messages, blogs and online profiles.

Post-reading
Controlled, guided and freer activities allow learners to practise the target language in a sequence that is most effective for learning.

4 ✤ Introduction

Grammar reference
Grammar reference at the back of the book provides detailed explanation of the grammar rules as a handy resource for both teachers and students.

Language in use
Grammar points are presented and practised through an inductive or "discovery" approach, drawing on students' existing knowledge.

Short, simple examples help students analyse and discover the grammar rules.

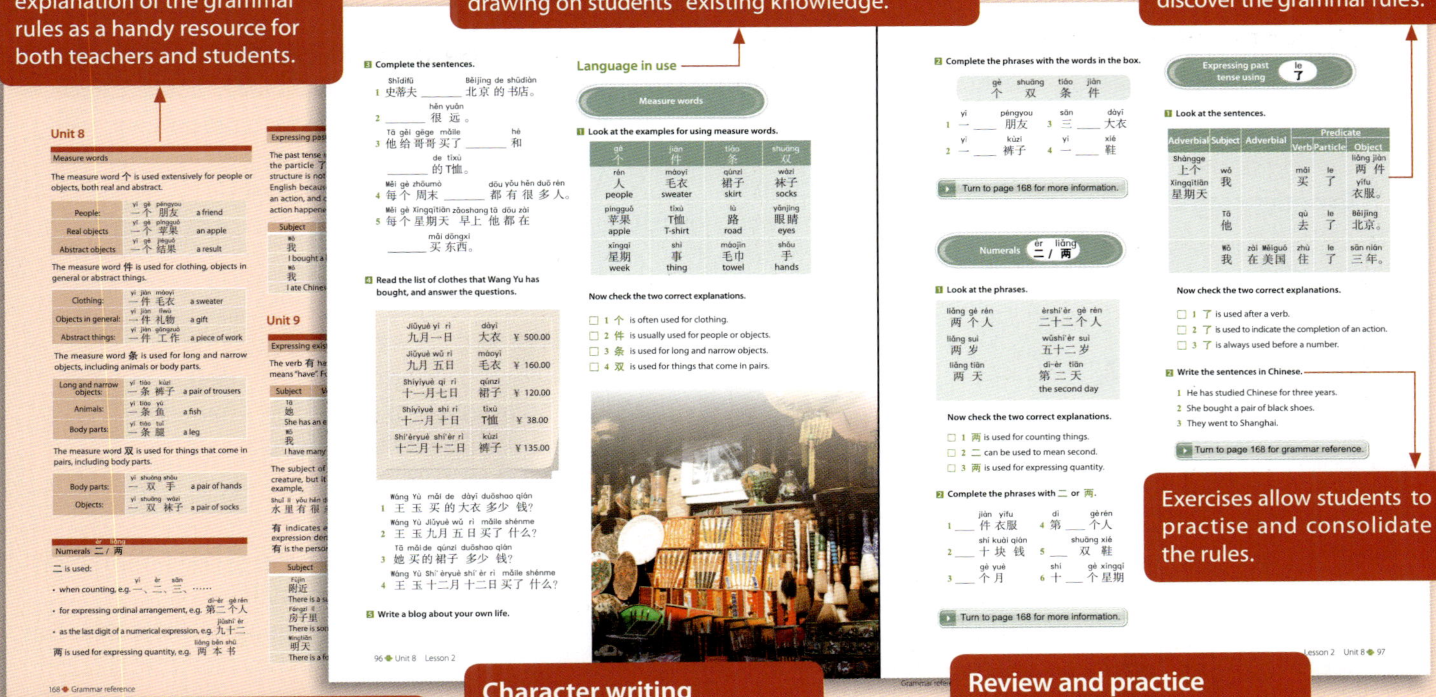

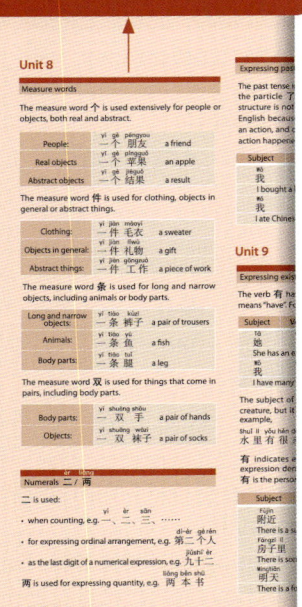

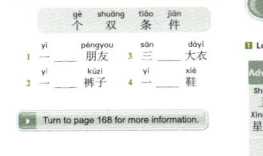

Exercises allow students to practise and consolidate the rules.

Communication activity
Meaningful and realistic communication in relevant contexts is facilitated through role-plays and speaking tasks.

Character writing
Common radicals in characters from the unit are introduced and practised to build students' vocabulary.

Review and practice
Builds on language acquisition by recycling previously learnt target language, through which students can also assess their progress.

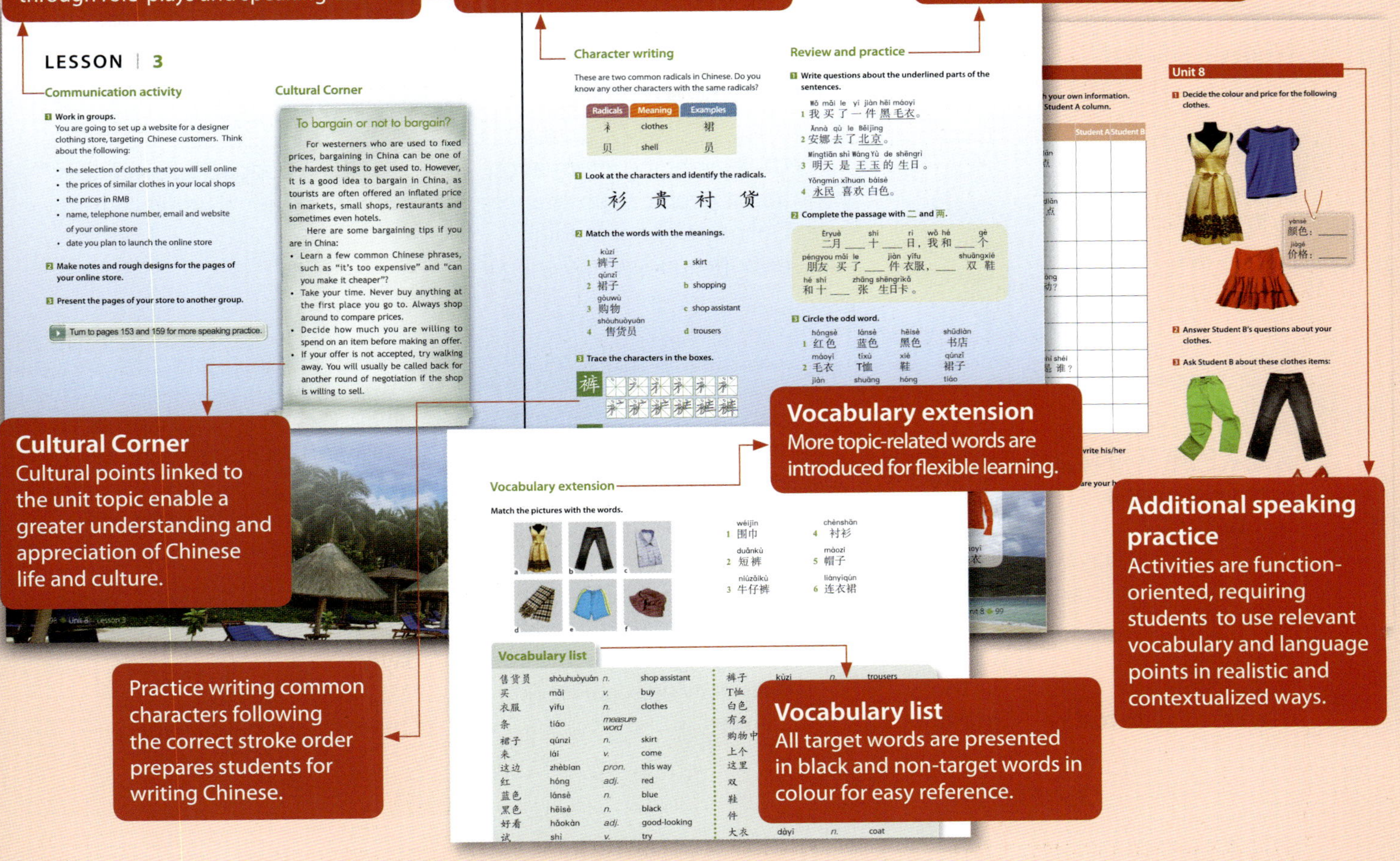

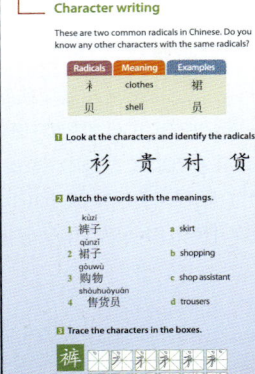

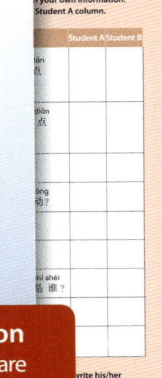

Cultural Corner
Cultural points linked to the unit topic enable a greater understanding and appreciation of Chinese life and culture.

Practice writing common characters following the correct stroke order prepares students for writing Chinese.

Vocabulary extension
More topic-related words are introduced for flexible learning.

Vocabulary list
All target words are presented in black and non-target words in colour for easy reference.

Additional speaking practice
Activities are function-oriented, requiring students to use relevant vocabulary and language points in realistic and contextualized ways.

Introduction ❋ 5

Contents

Title	Unit Topic	Listening and Reading	Speaking and Writing
Getting started **Experiencing Chinese** page 10	A brief introduction to the Chinese language	• Identifying the four tones • Identifying sentences in Chinese • Introduction to Chinese characters	• Introduction to radicals and using the dictionary • The basic strokes • The seven rules of stroke order
Unit 1 你好！ **Hello!** page 17	Greetings	• Identifying people's names and greetings • Identifying surnames and given names • Learning about Chinese names and meanings	• Exchanging greetings • Introducing yourself • Asking people's names • Writing Chinese names
Unit 2 你是哪里人？ **Where are you from?** page 27	• Countries • Nationalities	• Identifying someone's nationality • People and their nationalities	• Asking for and giving information about nationalities • Describing people, where they live and where they are from
Unit 3 你做什么工作？ **What do you do?** page 37	• Occupations • Family members	• Identifying someone's occupation • Identifying information about family members • A letter about one's family	• Asking and answering questions about occupations • Asking and answering questions about family members • Describing one's family members and their occupations
Unit 4 他真高！ **He's so tall!** page 47	• People's appearances • Favourites	• Understanding information about people's appearance • Online profile describing favourite people and animal	• Describing people's appearances • Writing a personal profile
Review 1 page 57			
Unit 5 这是我的电话号码。 **Here's my phone number.** page 61	• Addresses • Contact numbers	• Identifying contact numbers • Identifying postal and email addresses • Text messages	• Asking for and giving information about contact numbers and addresses • Writing addresses, telephone numbers and email addresses • Responding to a text message
Unit 6 今天几号？ **What's the date today?** page 71	• Birthdays • Invitations	• Identifying days of the week • Identifying months and dates • Daily activities on a weekly planner	• Asking for and saying dates and days • Making invitations • Creating personal calendars

Grammar and Vocabulary	Pronunciation	Cultural Corner	Character Practice
• Words used for classroom expressions • Numbers 1 to 10	Introduction to pinyin and the four tones		
• Word order of Chinese sentences (I) • Verbs 叫, 姓, 是 • Questions ending with 呢 • Greeting words • Words used to introduce people	The four tones	Is your surname Ding or Yuan?	Radicals 亻 and 女
• Yes-no questions ending with 吗 • Questions with interrogative pronoun 哪里 / 哪 • Negative adverb 不 • Country names, nationalities	The four tones	Is he speaking Chinese?	Radicals 口 and 日
• Adverbs 也 / 都 • Word order of Chinese sentences (II) • Pronouns as modifiers (+的) • Occupations, family members	The finals: "a" "e" "i"	Times change, job preferences change!	Radicals 宀 and 阝 (right)
• Interrogative pronoun 谁 • Numbers in Chinese • Asking about age using 多大 • 真 / 很 + adjective • Adjectives to describe people's appearance	The finals: "ao" "uei" "en"	I was born in the Year of the Horse.	Radicals 土 and 氵
• Question word 多少 • Word order of Chinese addresses • The pronunciation of the number "1" • Telephone and room numbers • Text message terms • Words for addresses and contact numbers	The tones of 不	The Chinese way of thinking: from large to small	Radicals 讠 and 辶
• Months and dates • Sentences without verbs • Making invitations using 请 • Dates, days of the week and months, daily activities	The initials: "j" "q" "x"	Lucky numbers in China	Radicals 月 and 扌

Title	Unit Topic	Listening and Reading	Speaking and Writing
Unit 7 八点见! See you at eight! page 81	• Time • Appointments	• Identifying time expressions • Schedules and daily activities • Activities on a weekend planner	• Asking for and telling the time • Making appointments • Creating a weekend planner
Unit 8 多少钱? How much is it? page 91	• Clothes • Shopping	• Identifying clothes, colours and prices • A blog about life in Beijing	• Talking about clothes • Asking for items, prices and bargaining when shopping • Writing a blog
Review 2 page 101			
Unit 9 不远! It's not far! page 105	• Locations • Advertisements	• Identifying locations and directions of places • Advertisements for student housing	• Describing locations • Asking for and giving directions • Writing an advertisement for a house or flat
Unit 10 坐火车吧。 Let's take the train. page 115	Transportation	• Identifying different types of transport • Travel plans	• Talking about types of transport • Discussing which types of transport to take • Completing an email invitation
Unit 11 我会跳舞。 I can dance. page 125	• Sports • Likes and dislikes	• Identifying different types of sport • A lifestyle questionnaire	• Asking and answering questions about sports • Talking about likes and dislikes • Answering a questionnaire • Describing one's recreational activities
Unit 12 我们去看京剧。 We're going to the Beijing opera. page 135	Holiday plans	• Identifying preferences for holiday plans • Online chat messages	• Asking and answering questions about holiday plans • Responding to an online chat message
Review 3 page 145			

Language support page 149   **Pair work activities** Student A: pages 150 – 155   Student B: pages 156 – 161

Pinyin guide page 172   **English Translations** page 173

Grammar and Vocabulary	Pronunciation	Cultural Corner	Character Practice
• Adverbial expressions of time • Different ways of telling the time • Expressing future tense using the auxiliary verb 要 • Words for time, daily activities	Difference between "u" and "ü"	Too late or too early?	Radicals 门 and 足
• Measure words • Numerals 二 and 两 • Expressing past tense using 了 • Clothes items, colours, places in a city	The tones of 一	To bargain or not to bargain?	Radicals 衤 and 贝
• Expressing existence using 有 • Asking questions using 有没有 • Expressing locations with the verb 在 • Directions, places and types of student housing	Retroflex "r"	How far is really far?	Radicals 木 and 彳
• Alternative questions with 还是 • Questions ending with 好吗 • Expressing superlatives with 最 • Using the particle 吧 • Modes of transport and holiday activities	Difference between "q" and "ch"	China—a kingdom of bicycles	Radicals 又 and 亻
• Using modal verbs 可以 and 会 • Pivotal sentences • Talking about past actions with 过 • Types of sports, abilities	Difference between "zh" and "ch"	Dance: a popular pastime	Radicals 王 and 钅
• Expressing alternatives using 或者 and 还是 • Expressing regular events with 每……都…… • Cities in China, holiday activities	Sentence intonation	Chinese Kung Fu	Radicals 竹 and 禾

Grammar reference　page 162　　**Picture captions**　page 171

Vocabulary list　page 178

GETTING STARTED
Experiencing Chinese

LESSON | 1

Pronunciation and listening

Putonghua and pinyin
Putonghua is the Chinese expression for Mandarin Chinese. It means "common language". Pinyin is a phonetic spelling system for Chinese characters, which uses the Roman alphabet. Pinyin is not just useful for foreign learners of Chinese, we also use pinyin to teach the standard pronunciation of Putonghua to Chinese people who speak other dialects.

1 Listen to the following words in Chinese. Check the four words containing sounds which don't exist in English.

- ☐ qing
- ☐ xie
- ☐ nü
- ☐ ren
- ☐ ta

Chinese pronunciation
Most Chinese syllables consist of an "initial" consonant followed by a "final". Finals consist of vowels, which may be followed by –n or –ng. Finals may occur without initials. Note that not all the initials and finals can be combined.
Chinese initials:
b / p / m / f / d / t / n / l / g / k / h / j / q / x / zh / ch / sh / r / z / c / s
Chinese finals:
a / o / e / i / u / ü / ai / ei / ao / ou / ia / ie / ua / uo / üe / iao / iou / uai / uei / an / en / in / ian / uan / uen / ün / üan / ang / eng / ing / iang / uang / ueng / ong / iong / er / ê / -i / -i

Chinese pronunciation is not especially difficult for English speakers because most of the sounds are quite similar to those in English. There are only a few sounds that are tricky for English speakers, for example, q, x, r and ü.

▶ Turn to page 172 for more information about pinyin.

2 Listen and circle the characters with the same tones.

1 请　写　听
2 一　十　七

Tones
Chinese is a tonal language. There is a tone for every syllable. We can use different tones with the same syllable to express different meanings.

Mandarin has four tones. It is important to pronounce the tones correctly because change of tones will change the meaning. The four tones are depicted graphically with this chart, to show where each tone occurs in tonal space. There is also a neutral tone in spoken Mandarin. It is light, flat and should not be emphasized. The neutral tone is used at the end of a phrase or with sentence particles.

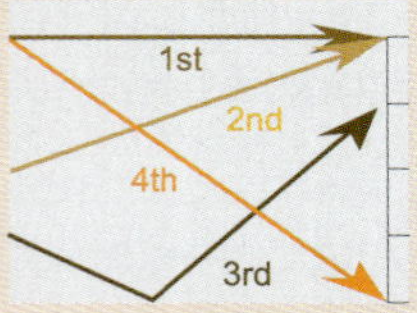

The following table illustrates tone markings above the sound *ma* and describes how each tone is pronounced:

Tone	Mark	Description
first	mā	high and level
second	má	starts medium in tone, then rises to the top
third	mǎ	starts low, dips to the bottom, then rises towards the top
fourth	mà	starts at the top, then falls sharply and strongly to the bottom
neutral	ma	flat, with no emphasis

3 Listen and check the tones you hear.

1 ☐ zhōng ☐ zhòng　3 ☐ nǐ ☐ ní
2 ☐ wén ☐ wèn　4 ☐ hǎo ☐ háo

Vocabulary and speaking

4 Listen and say the words. Make sure you use the correct tones.

xué 学	study	kàn 看	look, see
dú 读	read	wèn 问	ask
xiě 写	write	shuō 说	say, speak
tīng 听	listen	qǐng 请	please

▶ Turn to page 14 for more classroom expressions.

5 Match the Chinese phrases with their English translations.

1	Nǐ hǎo ma 你好吗?	a	I'm sorry.
2	Lǎoshī hǎo 老师好!	b	You're welcome.
3	Zàijiàn 再见!	c	Hello, teacher!
4	Xièxie 谢谢!	d	It doesn't matter.
5	Bù kèqi 不客气。	e	Goodbye!
6	Duìbuqǐ 对不起。	f	How are you?
7	Méiguānxi 没关系!	g	Thank you!

Now listen and say the phrases.

6 Listen and say the numbers.

yī	èr	sān	sì	wǔ
一	二	三	四	五
one	two	three	four	five
liù	qī	bā	jiǔ	shí
六	七	八	九	十
six	seven	eight	nine	ten

Now check the numbers as you hear them.

7 Match the numbers.

1	yī 一	a	1
2	liù 六	b	3
3	bā 八	c	9
4	qī 七	d	6
5	sān 三	e	7
6	jiǔ 九	f	8

8 Work in pairs.

Student A: Write down three numbers between 1 and 10. Do not show Student B your numbers.

Student B: Say three numbers between 1 and 10.

Student A: Listen for the numbers you have written. Clap when you hear your numbers.

Now change roles.

▶ Turn to page 149 for more numbers.

Lesson 1 Getting started 11

LESSON | 2

Reading

1 Look at the sentences in different oriental languages. Check the sentence in Chinese.

☐ 1 彼は田中一男、日本人です。

☐ 2 그는 김대성이라고 합니다. 한국 사람입니다.

☐ 3 他叫王明，是中国人。

☐ 4 Ông đã gọi là Huang-fu, là người Việt Nam.

> **Chinese characters**
>
> A Chinese character (*Hanzi*) is a logogram used in writing Chinese. The *Kangxi Dictionary*, the most authoritative Chinese dictionary since the 18th century, contains approximately 47,035 Chinese characters, although a large number of these are rarely used variants accumulated throughout history. Studies carried out in China have shown that literacy in the Chinese language requires a knowledge of only between 800 and 3500 characters.
>
> In the Chinese writing system, the characters are morphosyllabic, meaning that each character usually corresponds with a spoken syllable with a basic meaning. Chinese characters have also been used in other languages, most significantly Japanese, Korean, and Vietnamese.
>
> People often think Chinese characters represent pictures of the meaning, and from this we can deduce the meanings of the characters without being able to read them. However, only about 600 Chinese characters are derived from pictures, and even these characters have been standardized, simplified, and stylized to make them easier to write. As a result, we cannot easily see how the modern characters are derived from the original pictures. The graphics in the table illustrate some examples.

2 Guess the meanings of the characters. Use the pictograms to help you.

1 木 (tree)   林 =

2 日 (sun)   明 =

3 人 (person)   众 =

4 火 (fire)   焚 =

3 Look at the characters. The parts in red are the radicals of the characters.

mā   nín

厅 tīng   yuán

Radicals and using the dictionary

Chinese characters have radicals. To look up words in a Chinese–English dictionary, we need to:

- identify the radical
- find the radical in the radical index
- find the whole character in the character index
- look up the character in the main dictionary

4 Work in pairs and use your dictionary.

1 Find the radical of the characters in Activity 3 in the radical index.
2 Find the whole character in the character index.
3 Note the page number of the character and then look it up.

Now say what the characters mean.

5 Look up the characters in your dictionary. (The radicals are in red.)

Character writing

Chinese characters: the basic strokes

We write Chinese with some basic strokes, six of which are shown below.

Basic stroke	English	Example
丶	dot	小 六
一	horizontal	一 三
丨	vertical	十 中
丿	downward left	人 大
丶	downward right	八 人
一	upward	打 江

These strokes combine to form more complex strokes.

Compare the simple strokes of "一" and "人", with the complex strokes of "露" (dew).

Remember that Chinese–English dictionaries are partly organized by the number of strokes each character has.

Chinese characters: the seven rules of stroke order

We always write character strokes in the same order, following seven rules:

1 horizontal before vertical
2 downward left before downward right
3 from left to right
4 from top to bottom
5 from outside to inside
6 from outside to inside, then closing
7 middle before two sides

十 丰
人 八
川 朋
三 丁
月 问
回 国
小 水

6 Trace the characters in the boxes.

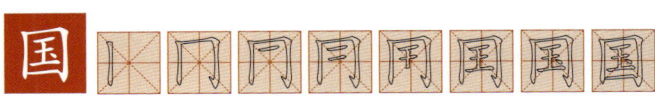

Lesson 2 Getting started 13

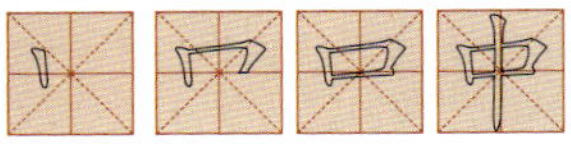

Classroom expressions

 Classroom expressions used by teachers

Shàngkè 上课	Class has begun.	Xiàkè 下课。	Class is over.
Qǐng jìn 请进。	Please come in.	Qǐng zuò 请坐。	Please sit down.
Gēn wǒ shuō 跟我说。	Repeat after me.	Qǐng tīng 请听。	Please listen.
Duì 对!	That's right!	Hěn hǎo 很好!	Well done!
Qǐng huídá wèntí 请回答问题。	Please answer the questions.	Qǐng dú kèwén 请读课文。	Please read the text.
Zài shuō yī biàn 再说一遍。	Say it again.	Yǒu wèntí ma 有问题吗?	Do you have any questions?
Dǎ kāi shū dào dì ...yè 打开书到第……页。	Open your books to page ...		
Qǐng kàn hēibǎn / shū 请看黑板/书。	Please look at the board / your books.		
Liǎng rén / Sān rén yī zǔ zuò 两人/三人一组做……	Work in pairs /groups of three to ...		
Nǐmen míngbai ma 你们明白吗?	Do you understand?		

Nǐmen míngbai ma
你们 明白 吗?

Qǐng zài shuō yī biàn
请 再说 一遍。

Classroom expressions used by students

Dì jǐ shēng 第几声？	Which tone?		Nǎ yī yè 哪一页？	Which page?
Wǒ bù míngbai 我不明白。	I don't understand.		Wǒ bù zhīdào 我不知道。	I don't know.
Wǒ yǒu yī gè wèntí 我有一个问题。	I have a question.		Zhè ge duì ma 这个对吗？	Is this correct?
Qǐng zài shuō yī biàn 请再说一遍。	Can you please repeat that?		Qǐng màn diǎnr shuō 请慢点儿说。	Could you please speak slower?

zěnme dú
…… 怎么读? — How do you pronounce …?

de pīnyīn shì shénme
…… 的拼音是什么? — What is the pinyin for …?

hànzì zěnme xiě
…… 汉字怎么写? — How do you write …?

yòng Yīngyǔ / Hànyǔ zěnme shuō
…… 用英语/汉语怎么说? — How do you say … in English/Chinese?

Wǒ kěyǐ qù xǐshǒujiān ma
我可以去洗手间吗? — Can I go to the toilet?

Duìbuqǐ wǒ chídào le
对不起，我迟到了。 — Sorry I'm late.

Xièxie lǎoshī
谢谢老师! — Thank you, teacher!

Meet the characters

Mǎkè
Mark Johnson (马克) comes from Australia.
Mark went on holiday to China after completing high school in Brisbane, and decided to stay in Beijing to learn Chinese.

Wáng Yù
Wang Yu (王 玉) was born and bred in Beijing. She is at the same university as the others, studying music. She and Anna are language partners, as Wang Yu also wants to improve her English.

Ānnà
Anna Pollard (安娜) is Mark's classmate, from New York. She is spending a year in China before returning to the US to complete her studies in International Relations.

Jīn Yǒngmín
Kim Yeong-min (金 永民) is also studying Chinese. He comes from Seoul in South Korea. Like Wang Yu, Yeong-min is a musician, and plays guitar in a local band. He plans to study Chinese medicine after he finishes his courses in Chinese.

Shǐdìfū
Steve Brown (史蒂夫), another classmate of Mark and Anna's, comes from London. He is a few years older than the others, and has already graduated from university, where he studied economics. He works part-time for an international magazine.

LESSON | 1

Vocabulary and listening

 1 Match the words with the meanings.

1	nǐ hǎo 你 好	a you
2	qǐngwèn 请问	b I, me
3	nǐ 你	c may I ask
4	wǒ 我	d hello
5	tā 他	e she, her
6	tā 她	f he, him

Now listen and say the words.

 2 Listen to the conversation.
Mark is meeting Wang Yu for the first time.

> Mǎkè　　Nǐ hǎo
> 马克：你 好！
>
> Wáng Yù　　Nǐ hǎo
> 王 玉：你 好！
>
> Mǎkè　　Qǐngwèn　nǐ jiào shénme míngzi
> 马克：请问，你 叫 什么 名字？
>
> Wáng Yù　　Wǒ jiào Wáng Yù　　Nǐ ne
> 王 玉：我 叫 王 玉。你 呢？

生词 New words

nǐ hǎo	你好	hello
nǐ	你	you
hǎo	好	good, OK
qǐngwèn	请问	may I ask, excuse me
qǐng	请	please, invite
wèn	问	ask
jiào	叫	be called
shénme	什么	what
míngzi	名字	name
wǒ	我	I, me
ne	呢	particle used to ask questions
rènshi	认识	know, get to know
hěn	很	very
gāoxìng	高兴	glad, happy
xiǎojiě	小姐	Miss
duìbuqǐ	对不起	sorry
xìng	姓	surname, family name

Mǎkè   Wǒ jiào Mǎkè
马克：我 叫 马克，Mark Johnson。
Rènshi nǐ hěn gāoxìng
认识 你 很 高兴，
Yù xiǎojiě
玉 小姐。

Wáng Yù   Duìbuqǐ   wǒ xìng Wáng
王 玉：对不起，我 姓 王。

3 Listen again and answer the questions.
1. How many names did you hear in the conversation?
2. What is the man's name in Chinese?
3. What is the woman's surname?

4 Work in pairs and act out the conversation in Activity 2. Use your English names.

5 Listen and number the conversations in the order you hear them.

Liú Lì
刘丽，_____！

a ☐

Wǒ jiào Mǎkè
我 叫 马克。_____？

b ☐

Qǐngwèn
请问，_____？

c ☐

Now listen again and complete the conversations.

Lesson 1   Unit 1   19

Pronunciation and speaking

The four tones

 1 Listen and say the words.

	nǐ hǎo	nǐ ne
1	你好	你呢

	qǐngwèn	shénme
2	请问	什么

	rènshi	gāoxìng
3	认识	高兴

 2 Listen and complete the conversation.

A: Nǐ hǎo
你好!

B: _____!

A: _____?

B: Wǒ jiào Wáng Yù   Nǐ ne
我叫 王 玉。你呢?

A: Wǒ jiào Mǎkè
我叫 马克。

B: _____。

 3 Listen and say the words.
These words are often used for Chinese names.

Chinese names

Male		Female	
huá 华	splendid	huā 花	flower
yīng 英	outstanding	yíng 莹	crystal clear
yú 瑜	fine jade	yù 玉	jade
wěi 伟	great	wēi 薇	rose

Now check the best names for the following people.

		Sūn Wěi	Sūn Wēi
1	a girl	☐ 孙伟	☐ 孙薇
		Lǐ Zhōnghuá	Lǐ Jīnhuā
2	a boy	☐ 李 中华	☐ 李 金花
		Wáng Yùyíng	Wáng Guóyīng
3	a girl	☐ 王 玉莹	☐ 王 国英

4 Work with the whole class. Introduce yourself to each of your classmates.

A: Nǐ hǎo   Wǒ jiào
你好! 我叫 _____。
Qǐngwèn nǐ jiào shénme míngzi
请问,你叫 什么 名字?

B: Nǐ hǎo   Wǒ jiào
你好! 我叫 _____。

CHINESE TO GO

 Greeting people

Zǎoshang hǎo 早上 好!	Good morning!
Wǎnshang hǎo 晚上 好!	Good evening!
Hǎo jiǔ bù jiàn 好久不见!	Long time no see!

LESSON | 2

Reading and writing

1 Match the names with the people.

1 Ānnà
  安娜

2 Shǐdìfū
  史蒂夫

3 Mǎkè
  马克

3 Complete the table with the correct information.

xìng 姓			
míngzi 名字			

2 Read the conversation and answer the questions.

1 Mark 的 中文 名字 是 什么？
       de Zhōngwén míngzi shì shénme

2 Anna 的 中文 名字 是 什么？
       de Zhōngwén míngzi shì shénme

3 Steve 的 中文 名字 是 什么？
       de Zhōngwén míngzi shì shénme

4 Work in groups and introduce yourself to the group. Use the conversation to help you.

生词 New words

Zhōngwén 中文 Chinese	nǐmen 你们 you (plural)
shì 是 be	dàjiā 大家 everybody

Language in use

Word order of Chinese sentences (I)

1 Look at the sentences.

Subject	Predicate	
	Verb	Object
Wǒ 我	shì 是	Wáng Yù 王 玉。
I am Wang Yu.		
Wǒ 我	xìng 姓	Wáng 王。
My family name is Wang.		
Tā 他	jiào 叫	Mǎkè 马克。
His name is Mark.		

Now check the two correct explanations.

☐ 1 A simple Chinese sentence is made up of the subject and the predicate.

☐ 2 The predicate consists of a subject and an object.

☐ 3 The word order of subject-verb-object is similar to English.

2 Write a simple sentence to introduce yourself. Use the example sentences above to help you.

▶ Turn to page 162 for grammar reference.

Verbs   jiào xìng shì
         叫   姓   是

1 Look at the sentences.

Nǐ jiào shénme míngzi
你 叫 什么 名字？   What is your name?

Wǒ jiào Wáng Yù
我 叫 王 玉。   My name is Wang Yu.

         de Zhōngwén míngzi shì Mǎkè
Mark 的 中文 名字 是 马克。
Mark's Chinese name is Mǎkè.

Nǐ xìng shénme
你 姓 什么？   What is your family name?

Wǒ xìng
我 姓 Brown。   My family name is Brown.

     xìng
Mark 姓 Johnson。   Mark's family name is Johnson.

Tā shì Mǎkè
他 是 马克。   He is Mark.

Tā shì Shǐdìfū
他 是 史蒂夫。   He is Steve.

Tā shì Ānnà
她 是 安娜。   She is Anna.

Now check the two correct explanations.

☐ 1 When the verbs 叫, 姓 and 是 are used after different subjects, their forms change.

☐ 2 The position of the question marker 什么 in a question is in the same place as its answer in a statement.

☐ 3 姓 is used to introduce one's surname, 叫 is used to introduce one's first name or full name, and 是 is used to identify someone or something.

2 Complete the sentences with the correct parts of people's names.

1 我叫王玉，我姓____。
　Wǒ jiào Wáng Yù   wǒ xìng

2 你姓____，你叫张伟。
　Nǐ xìng   nǐ jiào Zhāng Wěi

3 我是丁云，我姓____。
　Wǒ shì Dīng Yún wǒ xìng

▸ Turn to page 162 for grammar reference.

Questions ending with 呢 ne

1 Look at the conversations.

	Statement		Follow up question with 呢
	Subject	Predicate	
A:	我 Wǒ	姓丁， xìng Dīng	你呢？ nǐ ne
B:	我 Wǒ	姓王。 xìng Wáng	
A:	我 Wǒ	是史蒂夫， shì Shǐdìfū	你呢？ nǐ ne
B:	我 Wǒ	是马克。 shì Mǎkè	

Now answer the questions.

1 你呢 in Conversation 1 means ____.
　a 你姓什么？
　　Nǐ xìng shénme
　b 你叫什么名字？
　　Nǐ jiào shénme míngzi

2 What does A in Conversation 2 want to know by asking 你呢?

2 Work in groups of three. Ask and answer questions with 呢. Use the prompts below to help you.

A: 我姓 Smith，你呢？
　 Wǒ xìng   nǐ ne

B: 我姓 Craven。
　 Wǒ xìng

　 我叫 Angela，(ask Student C) 你呢？
　 Wǒ jiào   nǐ ne

C: 我叫 Miles。我姓 Brown，(ask Student A)
　 Wǒ jiào   Wǒ xìng
　 你呢？
　 nǐ ne

▸ Turn to page 162 for grammar reference.

Lesson 2　Unit 1　23

LESSON | 3

Communication activity

Work with the whole class. Say your Chinese name and ask other students their names. Use the prompt below to help you.

Wǒ de Zhōngwén míngzi shì Mǎkè, nǐ ne
我 的 中文 名字 是 马克，你 呢？

Now make a list of everyone's names.

▶ Turn to pages 150 and 156 for more speaking practice.

Cultural Corner

Is your surname Ding or Yuan?

Chinese names are normally formed with two or three characters. The surname always precedes the given name. In the example "Ding Yuan", the surname is Ding, and the given name is Yuan. Surnames are generally one syllable, and given names usually contain one or two syllables. In Chinese, a person is seldom referred to by his or her surname alone.

The use of given names suggests a much closer relationship between the speaker and the person being addressed than in English. If one's given name contains only one syllable, like "Yuan", its use is even more limited. Even Ding Yuan's parents would most likely call him "Ding Yuan" at home rather than just "Yuan".

Character writing

Radicals help to illustrate the meaning of Chinese characters. Look at the following character in ancient Chinese and guess its meaning.

Is your guess correct? Putting a woman (女) and a child (子) together means good (好).

These are two common radicals in Chinese. Do you know any other characters with the same radicals?

Radicals	Meaning	Examples
亻	man, person	你，他
女	woman	娜，姓

1 Look at the characters and identify the radicals.

伟　姐　什　她

2 Match the characters with the meanings.

nǐ
1 你　　　　a good

tā
2 他　　　　b surname

hǎo
3 好　　　　c you

xìng
4 姓　　　　d he, him

3 Trace the characters in the boxes.

你
他
好
姓

Review and practice

1 Match the words with the meanings.

   dàjiā
1 大家   a name

   shénme
2 什么   b know

   míngzi
3 名字   c what

   rènshi
4 认识   d happy, glad

   gāoxìng
5 高兴   e everybody

   qǐngwèn
6 请问   f hello

   nǐ hǎo
7 你好   g may I ask

2 Complete the word puzzle.

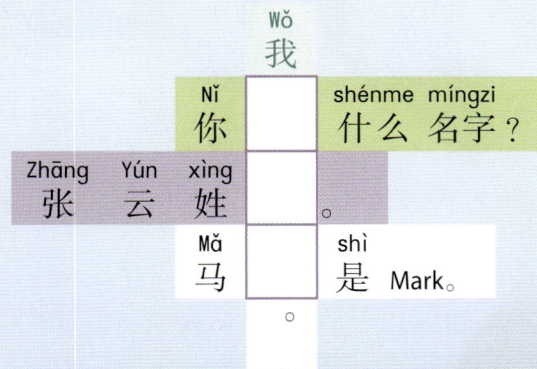

3 Complete the conversation with the words in the box.

   gāoxìng   qǐngwèn   jiào
   高兴   请问   叫

Shǐdìfū   nǐ jiào shénme míngzi
史蒂夫: ＿＿＿＿，你 叫 什么 名字？

Wáng Yù   Wǒ   Wáng Yù   Nǐ ne
王 玉: 我 ＿＿＿＿ 王 玉。你 呢？

Shǐdìfū   Wǒ jiào Shǐdìfū
史蒂夫: 我 叫 史蒂夫。

Wáng Yù   Rènshi nǐ hěn
王 玉: 认识 你 很 ＿＿＿＿。

4 Put the words in the correct order to make questions.

   shénme jiào nǐ míngzi
1 什么 / 叫 / 你 / 名字 / ？

   shénme   Wáng Yù   xìng
2 什么 / 王 玉 / 姓 / ？

   shénme shì   Zhōngwén míngzi de
3 什么 / 是 / Mark / 中文 / 名字 / 的 / ？

Now answer the questions.

5 Complete the sentences with the words in the box.

   xìng   shénme   rènshi   ne
   姓   什么   认识   呢

   Nǐ jiào   míngzi
1 你 叫 ＿＿＿＿ 名字？

            nǐ hěn gāoxìng
2 ＿＿＿＿ 你 很 高兴。

   Wǒ shì Wáng Yù   nǐ
3 我 是 王 玉，你 ＿＿＿＿？

   Wǒ   jiào
4 我 ＿＿＿＿ King，叫 Sandra King。

6 Choose the correct answers to the questions.

   Nǐ xìng shénme
1 你 姓 什么？

   Wǒ jiào Mǎkè   Wǒ xìng Wáng
a 我 叫 马克。 b 我 姓 王。

   Nǐ jiào shénme míngzi
2 你 叫 什么 名字？

   Wǒ jiào Shǐdìfū   Wǒ xìng Zhāng
a 我 叫 史蒂夫。 b 我 姓 张。

Lesson 3   Unit 1   25

Vocabulary extension

Read the passage.

Addressing people

We use the following titles when addressing people in Chinese:

xiānsheng 先生	Mr.	xiǎojiě 小姐	Miss
nǚshì 女士	Ms.	tàitai 太太	Mrs.

On campus, the most popular way to address a stranger is to call him/her 同学 tóngxué (schoolmate) or 老师 lǎoshī (teacher). Sometimes the titles can be used with names, for example, 李先生 Lǐ xiānsheng and 王小姐 Wáng xiǎojiě.

Now look at these people and decide how you would address them.

Vocabulary list

你好	nǐ hǎo		hello
你	nǐ	pron.	you
好	hǎo	adj.	good, OK
请问	qǐngwèn		may I ask, excuse me
请	qǐng	interj./v.	please, invite
问	wèn	v.	ask
叫	jiào	v.	be called
什么	shénme	pron.	what
名字	míngzi	n.	name
我	wǒ	pron.	I, me
呢	ne	particle	(used to ask questions)
认识	rènshi	v.	know, get to know
很	hěn	adv.	very
高兴	gāoxìng	adj.	glad, happy
小姐	xiǎojiě	n.	Miss
对不起	duìbuqǐ		sorry
姓	xìng	v./n.	surname, family name
中文	Zhōngwén	n.	Chinese
是	shì	v.	be
你们	nǐmen	pron.	you (plural)
大家	dàjiā	pron.	everybody
他	tā	pron.	he, him
她	tā	pron.	she, her
先生	xiānsheng	n.	Mr.
女士	nǚshì	n.	Ms.
太太	tàitai	n.	Mrs.
同学	tóngxué	n.	schoolmate
老师	lǎoshī	n.	teacher

* The words in colour are not target words for the unit.

LESSON | 1

Vocabulary and listening

 1 Match the flags with the nations and the people.

 a Hánguó / Hánguórén
   韩国 / 韩国人

 b Měiguó / Měiguórén
   美国 / 美国人

 c Jiānádà / Jiānádàrén
   加拿大 / 加拿大人

 d Yīngguó / Yīngguórén
   英国 / 英国人

 e Àodàlìyà / Àodàlìyàrén
   澳大利亚 / 澳大利亚人

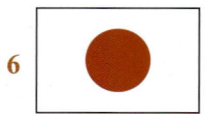 f Fǎguó / Fǎguórén
   法国 / 法国人

 g Zhōngguó / Zhōngguórén
   中国 / 中国人

 h Rìběn / Rìběnrén
   日本 / 日本人

Now listen and say the names of the nations and the people.

 2 Listen to the conversation.
Steve and Wang Yu are talking about their nationalities.

Shǐdìfū: Zǎoshang hǎo
史蒂夫：早上 好！

Wáng Yù: Zǎoshang hǎo
王玉：早上 好！

Shǐdìfū: Nǐ shì Rìběnrén ma
史蒂夫：你是日本人吗？

Wáng Yù: Bù shì, wǒ bù shì
王玉：不是，我不是
Rìběnrén
日本人。

Shǐdìfū: Nǐ shì nǎli rén
史蒂夫：你是哪里人？

28 Unit 2 Lesson 1

Wáng Yù	Wǒ shì Zhōngguórén
王 玉：	我 是 中国人。
	Nǐ shì nǎ guó rén
	你 是 哪 国 人？
Shǐdìfū	Wǒ shì Yīngguórén
史蒂夫：	我 是 英国人。
Wáng Yù	Nǐ zhù zài Lúndūn ma
王 玉：	你 住 在 伦敦 吗？
Shǐdìfū	Bù wǒ zhù zài Běijīng
史蒂夫：	不，我 住 在 北京。

生词　New words

zǎoshang hǎo 早上 好	good morning	Zhōngguó 中国	China
Rìběn 日本	Japan	guó 国	country
rén 人	people	Yīngguó 英国	UK
ma 吗	particle used to ask questions	zhù 住	live
bù 不	not, no	zài 在	at, in
nǎli 哪里	where	Lúndūn 伦敦	London
nǎ 哪	which	Běijīng 北京	Beijing

3 Listen again and answer the questions.

Wáng Yù shì Rìběnrén ma
1　王 玉 是 日本人 吗？

Shǐdìfū shì nǎli rén
2　史蒂夫 是 哪里 人？

Shǐdìfū zhù zài nǎli
3　史蒂夫 住 在 哪里？

4 Complete the sentences.

Wáng Yù shì　　　rén　tā bùshì
1　王 玉 是 _____ 人，她 不是 _____。

Shǐdìfū shì　　　rén　tā zhù zài
2　史蒂夫 是 _____ 人，他 住 在 _____。

5 Work in pairs and act out the conversation in Activity 2. Use your own countries or cities.

6 Listen and check where the speakers are from.

1　☐ a　Yīngguó 英国　　☐ b　Hánguó 韩国

2　☐ a　Zhōngguó 中国　　☐ b　Rìběn 日本

3　☐ a　Fǎguó 法国　　☐ b　Àodàlìyà 澳大利亚

4　☐ a　Jiānádà 加拿大　　☐ b　Měiguó 美国

Pronunciation and speaking

The four tones

1 Listen and say the words.

	zhù zài	zǎoshang
1	住 在	早 上
	Zhōngguó	Běijīng
2	中 国	北 京
	nǎ guó	nǎli
3	哪 国	哪 里

2 Listen and check the words you hear.

		rén		rèn
1	☐ a	人	☐ b	认
		shí		shì
2	☐ a	十	☐ b	是
		hǎo		hào
3	☐ a	好	☐ b	号
		wǒ		wò
4	☐ a	我	☐ b	握

3 Complete the sentences using the words in the box or your own information.

Lúndūn	Měiguó
伦敦	美国

   Shǐdìfū zhù zài Běijīng, tā bù zhù
1 史 蒂 夫 住 在 北 京， 他 不 住
   zài
   在 _____。

   Ānnà bù shì Yīngguórén, tā shì   rén
2 安 娜 不 是 英 国 人， 她 是 _____ 人。

   Wǒ shì   rén wǒ zhù zài
3 我 是 _____ 人， 我 住 在 _____。

Now work in pairs. Read your sentences and compare answers.

4 Work in pairs. Introduce each other using the prompts below.

   Nǐ hǎo   Wǒ jiào   nǐ jiào shénme
A: 你好！我 叫 _____，你叫 什么
   míngzi
   名字？

   Wǒ jiào   rènshi nǐ hěn gāoxìng
B: 我 叫 _____，认识你很 高兴！

   Nǐ shì nǎ guó rén
   你是 哪 国 人？

   Wǒ shì   zhù zài   Nǐ ne
A: 我 是 _____，住 在 _____。你呢？

   Wǒ shì   zhù zài
B: 我 是 _____，住 在 _____。

CHINESE TO GO

Talking about where people come from

Tā shì Běijīngrén ma
她是北京人 吗？ Is she a Beijinger?

Wǒ bù zhīdào
我 不 知 道。 I don't know.

Tā shì Zhōngguórén
他 是 中 国 人。 He is Chinese.

Wǒ yě shì
我 也 是。 Me too.

LESSON | 2

Reading and writing

1 Match the pictures with the names of the places.

a

b

c

d

  Nánfēi   Xīní   Mò'ěrběn Hǎoláiwū
1 南非 2 悉尼 3 墨尔本 4 好莱坞

1-24

2 Read the magazine and answer the questions.

        shì nǎ guó rén
1 Hayden Christensen 是 哪 国 人？

      shì Měiguórén ma
2 Charlize Theron 是 美国人 吗？

     shì nǎ guó rén
3 Russell Crowe 是 哪 国 人？

     shì nǎli rén   ne
4 Nicole Kidman 是 哪里 人？ Cate Blanchett 呢？

3 Work in pairs. Introduce someone you know who lives overseas.

 Tā Tā xìng   jiào
 他/她 姓 _____, 叫 _____。

 Tā Tā shì   rén zhù zài
 他/她 是 _____ 人，住 在 _____。

生词　New words

tāmen 他们	they, them	Nánfēi 南非	South Africa
Hǎoláiwū 好莱坞	Hollywood	Xīnxīlán 新西兰	New Zealand
míngxīng 明星	celebrity	Àodàlìyà 澳大利亚	Australia
dànshì 但是	but	Xīní 悉尼	Sydney
Měiguó 美国	US	Mò'ěrběn 墨尔本	Melbourne
Jiānádà 加拿大	Canada		

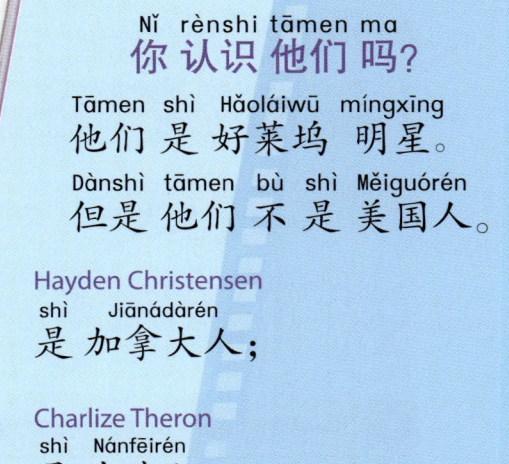

   Nǐ rènshi tāmen ma
  你 认识 他们 吗？

 Tāmen shì Hǎoláiwū míngxīng
 他们 是 好莱坞 明星。

 Dànshì tāmen bù shì Měiguórén
 但是 他们 不 是 美国人。

Hayden Christensen
 shì Jiānádàrén
 是 加拿大人；

Charlize Theron
 shì Nánfēirén
 是 南非人；

Russell Crowe
 shì Xīnxīlánrén
 是 新西兰人；

Nicole Kidman
 shì Àodàlìyà Xīnírén
 是 澳大利亚 悉尼人；

Cate Blanchett
 shì Àodàlìyà
 是 澳大利亚
 Mò'ěrběnrén
 墨尔本人。

Language in use

Yes-no questions ending with 吗 (ma)

1 Look at the sentences.

Subject	Predicate		Question particle 吗
	Verb	Object	
Wǒ 我	shì 是	Wáng Yù 王玉。	
Nǐ 你	shì 是	Wáng Yù 王玉	ma 吗?
Tā 他	xìng 姓	Wáng 王。	
Tā 他	xìng 姓	Wáng 王	ma 吗?
Ānnà 安娜	shì 是	Měiguórén 美国人。	
Ānnà 安娜	shì 是	Měiguórén 美国人	ma 吗?

Now check the two correct explanations.

☐ 1 吗 is used at the end of a question.

☐ 2 吗 is used to form a yes-no question.

☐ 3 The word order in a question ending with 吗 is not the same as that in a statement.

2 Check the sentences that can have 吗 added at the end to make questions.

☐ 1 Shǐdìfū zhù zài Běijīng 史蒂夫住在北京。

☐ 2 Nǐ shì nǎ guó rén 你是哪国人?

☐ 3 Nǐ xìng shénme 你姓什么?

☐ 4 Tā jiào Wáng Yù 她叫王玉。

▶ Turn to page 162 for grammar reference.

Questions with interrogative pronoun 哪里 / 哪 (nǎli / nǎ)

1 Look at the sentences.

Subject	Predicate	
	Verb	Object (noun / 哪里 / 哪国)
Wáng Yù 王玉	zhù zài 住在	Běijīng 北京。
Wáng Yù 王玉	zhù zài 住在	nǎli 哪里?
Tā 她	shì 是	Yīngguórén 英国人。
Tā 她	shì 是	nǎ guó rén 哪国人?

Now check the three correct explanations.

☐ 1 The word order of questions is the same as that of statements.

☐ 2 The word order of questions is different from the order of statements.

☐ 3 哪里 is used to ask questions about place.

☐ 4 哪国 means "which country".

2 Ask questions about the underlined parts of the sentences using 哪里 or 哪国.

1 Ānnà shì Měiguórén 安娜是 <u>美国人</u>。

2 Shǐdìfū zhù zài Běijīng 史蒂夫住在 <u>北京</u>。

3 Yǒngmín shì Hánguórén 永民是 <u>韩国人</u>。

4 Tā zhùzài Xīní 他住在 <u>悉尼</u>。

▶ Turn to page 163 for grammar reference.

Negative adverb bù 不

1 Look at the sentences.

Tā xìng Wáng	Tā bù xìng Wáng
她 姓 王。	她 不 姓 王。
Tā shì Yīngguórén	Tā bù shì Yīngguórén
他 是 英国人。	他 不 是 英国人。
Wǒ zhù zài Lúndūn	Wǒ bù zhù zài Lúndūn
我 住 在 伦敦。	我 不 住 在 伦敦。

1 Underline the sentences which are affirmative.
2 Circle the character which shows that the sentence is negative.
3 Circle the verbs which are modified by 不.

2 Look at the sentences.

Nǐ bù shì Měiguórén ma	Wǒ shì Wǒ bù shì
你 不 是 美国人 吗？	我 是 / 我 不 是。
Aren't you American?	Yes, I am. / No, I'm not.

Now check the correct explanation.

☐ 1 不 always comes before the subject.
☐ 2 不 usually comes before the predicate.

3 Rewrite the sentences as negative sentences with 不.

Nǐ shì Mǎkè
1 你 是 马克。

Wǒ shì Běijīngrén
2 我 是 北京人。

Tā jiào Wáng Yù
3 她 叫 王 玉。

Wǒ rènshi Shǐdìfū
4 我 认识 史蒂夫。

▶ Turn to page 163 for grammar reference.

Lesson 2 Unit 2 33

LESSON 3

Communication activity

1 **Work with the rest of the class.**
You are at a friend's party. Introduce yourself to the other people at the party, and ask them for their names and nationalities. Find out who is also from your country or area.

2 **Work in groups.**
Work with people who are from the same place as you. Discuss and list three interesting things about where you are from. Then tell the class about where you are from.

▶ Turn to pages 150 and 156 for more speaking practice.

Cultural Corner

Is he speaking Chinese?

In China, you might hear some Chinese people speak a language that is different from what you learned in class. Most probably they are speaking another dialect of Chinese. There are many Chinese dialects, roughly classified into seven large groups: Mandarin (Putonghua), Gan, Hakka, Min, Wu, Xiang and Cantonese. Standard Mandarin was chosen to be the common language of China in the 1950s, to function as a lingua franca for the whole country. All Chinese dialects have some vocabulary in common, but people speaking different dialects cannot communicate or understand each other very well.

A distinguishing feature of the Chinese language is its tones. Mandarin has four tones and some dialects have even more. Despite the large differences among Chinese dialects, there is one thing they have in common—written Chinese characters.

Character writing

These are two common radicals in Chinese. Do you know any other characters with the same radicals?

Radicals	Meaning	Examples
口	mouth	吗，呢
日	sun	早，是

1 Look at the characters and identify the radicals.

名　哪　晶　明

2 Match the words with the meanings.

　　jiào
1　叫　　　　　　　a　particle used to ask questions
　　míngxīng
2　明星　　　　　　b　be called
　　zǎoshang
3　早上　　　　　　c　celebrity
　　ma
4　吗　　　　　　　d　morning

3 Trace the characters in the boxes.

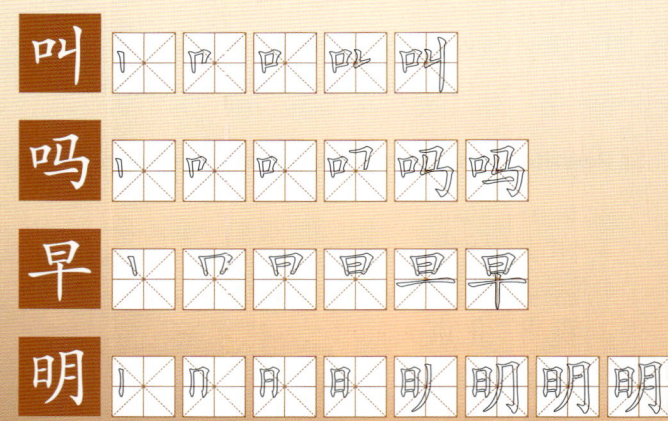

Review and practice

1 Make five words with the characters.

zǎo	dàn	nǎ	shàng	shí
早	但	哪	上	识

shì	xīng	guó	rèn	míng
是	星	国	认	明

2 Complete the sentences with the correct words in brackets.

1 你是 _____ 人？(哪里 / 哪)
  Nǐ shì ___ rén   nǎli nǎ

2 他是英国人，他 _____ 伦敦。
  Tā shì Yīngguórén, tā ___ Lúndūn
  (住在 / 住)
  zhù zài zhù

3 他们是 _____。(明星 / 中国)
  Tāmen shì ___   míngxīng Zhōngguó

3 Match the questions with the answers.

1 王玉是哪里人？
  Wáng Yù shì nǎli rén

2 他是中国人吗？
  Tā shì Zhōngguórén ma

3 你住在北京吗？
  Nǐ zhù zài Běijīng ma

4 她住在哪里？
  Tā zhù zài nǎli

a 她住在伦敦。
  Tā zhù zài Lúndūn

b 她是中国人。
  Tā shì Zhōngguórén

c 不，我住在伦敦。
  Bù, wǒ zhù zài Lúndūn

d 不是，他是日本人。
  Bù shì, tā shì Rìběnrén

4 Choose the correct answers to the questions.

1 马克是日本人吗？
  Mǎkè shì Rìběnrén ma
  a 马克住在日本。 b 马克不是日本人。
  Mǎkè zhù zài Rìběn   Mǎkè bù shì Rìběnrén

2 安娜住在哪里？
  Ānnà zhù zài nǎli
  a 安娜住在北京。 b 安娜是美国人。
  Ānnà zhù zài Běijīng   Ānnà shì Měiguórén

3 他是史蒂夫吗？
  Tā shì Shǐdìfū ma
  a 他是英国人。 b 不，他不是史蒂夫。
  Tā shì Yīngguórén   Bù, tā bù shì Shǐdìfū

4 你是哪国人？
  Nǐ shì nǎ guó rén
  a 你是墨尔本人。 b 我是英国人。
  Nǐ shì Mò'ěrběnrén   Wǒ shì Yīngguórén

5 Complete the conversation with 哪, 吗 or 不.

A: 她是安娜 _____？
   Tā shì Ānnà

B: 她不是安娜，她是 Jane。
   Tā bù shì Ānnà, tā shì

A: 她是 _____ 国人？
   Tā shì ___ guó rén

B: 她是英国人。
   Tā shì Yīngguórén

A: 她住在伦敦 _____？
   Tā zhù zài Lúndūn

B: _____，她住在悉尼。
   tā zhù zài Xīní

Vocabulary extension

1 Look at the names of nations.

Mòxīgē 墨西哥	Mexico	Xīnjiāpō 新加坡	Singapore
Kěnníyà 肯尼亚	Kenya	Déguó 德国	Germany
Tàiguó 泰国	Thailand	Yìndù 印度	India
Āijí 埃及	Egypt		

Now match the people with the nations.

1 Mòxīgē 墨西哥 2 Kěnníyà 肯尼亚 3 Déguó 德国

2 Write the names of the countries under the pictures.

_____   _____

_____   _____

Now say the countries aloud.

Vocabulary list

早上好	zǎoshang hǎo		good morning
日本	Rìběn	n.	Japan
人	rén	n.	people
吗	ma	particle	(used to ask questions)
不	bù	adv.	not, no
哪里	nǎli	pron.	where
哪	nǎ	pron.	which
中国	Zhōngguó	n.	China
国	guó	n.	country
英国	Yīngguó	n.	UK
住	zhù	v.	live
在	zài	prep.	at, in
伦敦	Lúndūn	n.	London
北京	Běijīng	n.	Beijing
他们	tāmen	pron.	they, them
好莱坞	Hǎoláiwū	n.	Hollywood
明星	míngxīng	n.	celebrity

但是	dànshì	conj.	but
美国	Měiguó	n.	US
加拿大	Jiānádà	n.	Canada
南非	Nánfēi	n.	South Africa
新西兰	Xīnxīlán	n.	New Zealand
澳大利亚	Àodàlìyà	n.	Australia
悉尼	Xīní	n.	Sydney
墨尔本	Mò'ěrběn	n.	Melbourne
韩国	Hánguó	n.	Korea
法国	Fǎguó	n.	France
墨西哥	Mòxīgē	n.	Mexico
肯尼亚	Kěnníyà	n.	Kenya
泰国	Tàiguó	n.	Thailand
埃及	Āijí	n.	Egypt
新加坡	Xīnjiāpō	n.	Singapore
德国	Déguó	n.	Germany
印度	Yìndù	n.	India

UNIT 3

Nǐ zuò shénme gōngzuò
你做什么工作?

What do you do?

LESSON | 1

Vocabulary and listening

1 Number the people in the order you hear them.

a jìzhě ☐ 记者
b yīshēng ☐ 医生 
c xuésheng ☐ 学生 
d hùshi ☐ 护士 

Now listen again and say the words.

2 Label the people in the picture with the words in the box.

bàba	māma	jiějie	dìdi
爸爸	妈妈	姐姐	弟弟

Now listen and say the words.

3 Listen to the conversation.
Mark is telling Yeong-min and Anna about his family.

Yǒngmín: Tā shì nǐ mèimei ma
永民：她是你妹妹吗？

Mǎkè: Shì, tā shì wǒ mèimei. Zhè shì wǒ dìdi
马克：是，她是我妹妹。这是我弟弟。

Yǒngmín: Nǐ mèimei hé dìdi yě shì xuésheng ma
永民：你妹妹和弟弟也是学生吗？

Mǎkè: Wǒ dìdi shì xuésheng, dàn shì wǒ mèimei shì jìzhě
马克：我弟弟是学生，但是我妹妹是记者。

38 Unit 3 Lesson 1

4 Listen again and answer the questions.

Mǎkè de mèimei zuò shénme gōngzuò
1 马克的妹妹做什么工作？

Mǎkè de bàba zài nǎli gōngzuò
2 马克的爸爸在哪里工作？

Mǎkè de māma shì yīshēng ma
3 马克的妈妈是医生吗？

5 Work in pairs and act out the conversation in Activity 3. Use the jobs in Activity 1 to help you.

生词 New words

tā 她	she, her	bàba 爸爸	father
mèimei 妹妹	younger sister	zuò 做	do
zhè 这	this	gōngzuò 工作	work, job
dìdi 弟弟	younger brother	tā 他	he, him
hé 和	and	yīshēng 医生	doctor
yě 也	also	māma 妈妈	mother
xuésheng 学生	student	yīyuàn 医院	hospital
jìzhě 记者	journalist	dōu 都	both, all

Ānnà Nǐ bàba zuò shénme gōngzuò
安娜：你爸爸做什么工作？

Mǎkè Tā shì yīshēng
马克：他是医生。

Ānnà Nǐ māma zài nǎli gōngzuò
安娜：你妈妈在哪里工作？

Mǎkè Tā zài yīyuàn gōngzuò Wǒ
马克：她在医院工作。我
bàba māma dōu shì yīshēng
爸爸妈妈都是医生。

Lesson 1 Unit 3 39

Pronunciation and speaking

The finals: "a" "e" "i"

1 Listen and check the correct pinyin for the words.

1 妈　　☐ a mā　　☐ b me
2 哪　　☐ a nǐ　　☐ b nǎ
3 者　　☐ a zhě　　☐ b zhǐ
4 医　　☐ a yī　　☐ b yā

2 Say the sentences aloud.

　　Zhè shì wǒ yéye
1 这 是 我 爷爷！

　　Tā māma shì lǎoshī
2 他 妈妈 是 老师。

　　Lǐ Lì de bàba yě shì jìzhě
3 李 丽 的 爸爸 也 是 记者。

　　Nǐ dìdi shì yīshēng ma
4 你 弟弟 是 医生 吗？

Now listen and repeat.

3 Listen and say the words.

　　hé　　　yě　　　zhè
1 和　　　也　　　这

　　bàba　　dìdi　　mèimei
2 爸爸　　弟弟　　妹妹

　　yīshēng　jìzhě　gōngzuò
3 医生　　记者　　工作

4 Work in pairs. Ask each other about your families, and complete the table with their names and jobs.

　　Nǐ bàba jiào shénme míngzi
A: 你 爸爸 叫 什么 名字？

　　Wǒ bàba jiào
B: 我 爸爸 叫　James Taylor。

　　Tā zuò shénme gōngzuò
A: 他 做 什么 工作？

　　Tā shì yīshēng
B: 他 是 医生。

	Family member	Name	Occupation
1			
2			
3			
4			

5 Tell the class about your partner's family.

　Tā　Tā bàba jiào　　　　tā shì
他/她 爸爸 叫 _____，他 是 _____。

　Tā　Tā māma jiào　　　　tā shì
他/她 妈妈 叫 _____，她 是 _____。

CHINESE TO GO

1-31 Talking about your family

　Wǒ jiějie shì jǐngchá
我 姐姐 是 警察。
My elder sister is a policewoman.

　Zhēn bàng
真 棒！　That's great!

40　Unit 3　Lesson 1

LESSON | 2

Reading and writing

1 Match the words with the pictures.

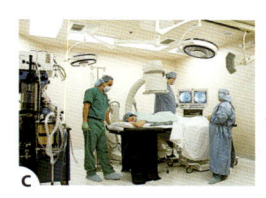

a b c d

yīyuàn	zhàopiàn	lǎoshī	xuéxiào
1 医院	2 照片	3 老师	4 学校

2 Read Wang Yu's letter about her family.

Shǐdìfū
史蒂夫：

　Nǐ hǎo
　你好！

　Zhè shì wǒ jiā de zhàopiàn　Tā shì wǒ
　这是我家的照片。他是我
bàba　tā shì wǒ māma　Tāmen dōu zài
爸爸，她是我妈妈。他们都在
yīyuàn gōngzuò tāmen dōu shì yīshēng　Zhè shì
医院工作，他们都是医生。这是
wǒ gēge　tā zài xuéxiào gōngzuò tā shì
我哥哥，他在学校工作，他是
lǎoshī　Zhè shì wǒ jiějie　tā shì jìzhě
老师。这是我姐姐，她是记者。
Zhè shì wǒ　wǒ shì xuésheng
这是我，我是学生。……

3 Check the true statements.

☐ 1　Wǒ bàba shì yīshēng　wǒ māma yě shì
　　我爸爸是医生，我妈妈也是
　　yīshēng
　　医生。

☐ 2　Wǒ gēge shì xuésheng
　　我哥哥是学生。

☐ 3　Wǒ jiějie shì hùshi
　　我姐姐是护士。

☐ 4　Wǒ shì xuésheng
　　我是学生。

4 Write about your family. Use Wang Yu's letter to help you.

bàba	māma	jiějie mèimei	gēge dìdi
爸爸	妈妈	姐姐/妹妹	哥哥/弟弟

Wǒ jiào　　　　　　wǒ shì
我叫 _____, 我是 _____。

Wǒ bàba shì　　　　tā zài　　　　gōngzuò
我爸爸是 _____, 他在 _____ 工作。

生词　New words

jiā 家	family, home	xuéxiào 学校	school
de 的	structural particle	lǎoshī 老师	teacher
zhàopiàn 照片	photo	jiějie 姐姐	elder sister
gēge 哥哥	elder brother		

Lesson 2　Unit 3　41

Language in use

Adverbs 也 / 都 (yě / dōu)

1 Look at the sentences.

> Wǒ shì xuésheng
> 我 是 学生 。 I'm a student.
>
> Mǎkè yě shì xuésheng
> 马克也是 学生 。 Mark is also a student.
>
> Wǒ hé Mǎkè dōu shì xuésheng
> 我 和马克 都 是 学生 。
> Both Mark and I are students.

Now choose the correct word to complete the explanations.

1 The adverbs 也 and 都 are used (before/after) the predicate in a sentence.

2 The subject of the sentences with the adverb 都 should be (singular/plural).

2 Look at the sentences.

> Wǒ bàba bù shì yīshēng
> 我 爸爸 不是 医生 。
> My father is not a doctor.
>
> Wǒ māma yě bù shì yīshēng
> 我 妈妈 也 不 是 医生 。
> My mother is not a doctor, either.
>
> Wǒ bàba hé māma dōu bù shì yīshēng
> 我 爸爸 和 妈妈 都 不 是 医生 。
> Neither my father nor mother is a doctor.

Now check the correct explanation.

☐ 1 When used in a sentence, 不 can come before 也 or 都.

☐ 2 When used in a sentence, 不 can come after 也 or 都.

3 Rewrite the second sentence with 也.

1 a Wáng Yù xìng Wáng
    王 玉 姓 王 。

  b Wáng Yún xìng Wáng
    王 云 姓 王 。

2 a Shǐdìfū bù zhù zài Lúndūn
    史 蒂 夫 不 住 在 伦敦。

  b Mǎkè bù zhù zài Lúndūn
    马克 不 住 在 伦敦。

3 a Shǐdìfū shì xuésheng
    史 蒂 夫 是 学生 。

  b Wáng Yù shì xuésheng
    王 玉 是 学生 。

4 a Wǒ bù rènshi Ānnà de māma
    我 不 认识 安娜 的 妈妈。

  b Mǎkè bù rènshi Ānnà de māma
    马克 不 认识 安娜 的 妈妈。

Now join the two sentences with 都.

▶ Turn to page 163 for grammar reference.

42 ❖ Unit 3 Lesson 2

Word order of Chinese sentences (II)

1 Look at the sentences.

Subject	Predicate		
	Adverbial	Verb	Object
Wǒmen 我们	dōu 都	shì 是	xuéshēng 学生。
We are all students.			
Wǒ 我	bù 不	shì 是	lǎoshī 老师。
I am not a teacher.			
Tā 他	zài yīyuàn 在 医院	gōngzuò 工作。	
He works at the hospital.			
Tā 她	yě zài yīyuàn 也 在 医院	gōngzuò 工作。	
She also works at the hospital.			

Now check the correct explanation.

☐ 1 The adverbial often comes before the verb it modifies.
☐ 2 The adverbial usually comes after the verb it modifies.

2 Complete the sentences with the words in the box.

bù	shì	yě	dōu
不	是	也	都

1 Tā ___ yīshēng
  他 ____ 医生。

2 Wǒ ___ shì yīshēng, wǒ shì lǎoshī
  我 ____ 是 医生，我 是 老师。

3 Wǒmen shì lǎoshī, wǒmen ___ zài dàxué gōngzuò
  我们 是 老师，我们 ____ 在 大学 工作。

4 Wǒ zài yīyuàn gōngzuò, tā ___ zài yīyuàn gōngzuò
  我 在 医院 工作，她 ____ 在 医院 工作。

3 Put the words in the correct order to make sentences.

1 Shǐdìfū shì bù Zhōngguórén
  史蒂夫 / 是 / 不 / 中国人 /。

2 Wáng Yù xìng bù Yù
  王 玉 / 姓 / 不 / 玉 /。

3 Mǎkè bù shì xuéshēng yě
  马克 / 不 / 是 / 学生 / 也 /。

4 Tāmen dōu gōngzuò zài Měiguó
  他们 / 都 / 工作 / 在 / 美国 /。

▶ Turn to page 163 for grammar reference.

Pronouns as modifiers (+的 de)

1 Look at the sentences.

Wǒ māma shì lǎoshī
我 妈妈 是 老师。

Wǒ jiějie shì jìzhě
我 姐姐 是 记者。

Wǒ de míngzi shì Wáng Yù
我 的 名字 是 王 玉。

Wǒ de gōngzuò shì yīshēng
我 的 工作 是 医生。

Now check the correct explanation.

☐ 1 的 can be omitted when used before family members.
☐ 2 的 can be omitted when used before objects.

2 Write the sentences in Chinese using 的 when necessary.

1 He is my father.
2 This is his photo.
3 My name is Mark.
4 This is my elder sister's photo.

▶ Turn to page 163 for grammar reference.

Lesson 2 Unit 3 43

LESSON 3

Communication activity

1 Work in pairs.

> **Student A:**
> You have just started a Chinese language course at Beijing Foreign Studies University. Look at the student registration form below and prepare for an interview with the Admissions Office secretary.

> **Student B:**
> You are the secretary of the Admissions Office at Beijing Foreign Studies University. You are interviewing students enrolled in a Chinese language course. Prepare interview questions based on the categories in the form.

2 Work in pairs. Act out the interview using the information you prepared in Activity 1.

Nǐ hǎo! Nǐ jiào shénme míngzi
你 好！你 叫 什么 名字？

Nǐ shì nǎ guó rén
你 是 哪 国 人？

Nǐ de jǐnjí liánxìrén shì shéi
你 的 紧急 联系人 是 谁？

Tāmen jiào shénme míngzi Zuò shénme gōngzuò
他们 叫 什么 名字？做 什么 工作？

▶ Turn to pages 151 and 157 for more speaking practice.

Cultural Corner

Times change, job preferences change!

Job trends in China have changed enormously since the birth of the "reform and opening-up" (改革开放) policy in the late 1970s, encouraging private enterprises. Before that, being a worker or soldier was seen as very noble and desirable. Nearly all jobs guaranteed life-long careers, and jobs which provided security despite poor job performance were called the "unbreakable iron rice bowl" (铁饭碗). However, with economic reforms, civil service jobs and other government iron rice bowls were some of the first to go, and some civil servants left to open up private businesses. In more recent years, even without the old guarantees, civil service jobs have regained their old popularity, providing long-term stability and good benefits.

xuésheng dēngjì biǎo
学生 登记 表

xìngmíng 姓名 Name	niánlíng 年龄 Age	guójí 国籍 Nationality		
jǐnjí 紧急 liánxìrén 联系人 Emergency contacts	xìngmíng 姓名 Name	guānxi 关系 Relationship		zhíyè 职业 Occupation
1				
2				
3				

44 Unit 3 Lesson 3

Character writing

These are two common radicals in Chinese. Do you know any other characters with the same radicals?

Radicals	Meaning	Examples
宀	roof	安，宾
阝(right)	city	都

1 Look at the characters and identify the radicals.

家　邮　那　字

2 Match the words with the meanings.

1 jiā 家   a both, all
2 ān 安   b that
3 dōu 都   c safe and stable
4 nà 那   d family, home

3 Trace the characters in the boxes.

家
安
都
那

Review and practice

1 Put the words in the correct columns.

māma	dàxué	lǎoshī	yīyuàn
妈妈	大学	老师	医院
bàba	jiějie	yīshēng	jìzhě
爸爸	姐姐	医生	记者

jiā tíng chéngyuán 家庭 成员 Family members	dìfang 地方 Places	zhíyè 职业 Occupations

2 Put the words in brackets in the correct places in the sentences.

1 Lín Yuè shì lǎoshī, Lín Huá shì lǎoshī。（也）
　林月是老师，林华是老师。

2 Tāmen shì lǎoshī。（都）
　她们是老师。

3 Jiékè bù shì xuésheng, Hālì yě shì xuésheng。（不）
　杰克不是学生，哈利也是学生。

4 Tāmen dōu shì xuésheng。（不）
　他们都是学生。

3 Cross out the unnecessary 的 in the sentences.

1 Wǒ de māma zài dàxué gōngzuò
　我的妈妈在大学工作。

2 Wǒ de bàba de míngzi shì Lín Guó'ān
　我的爸爸的名字是林国安。

3 Zhè shì wǒ de zhàopiàn
　这是我的照片。

4 Write as many sentences as you can with 不, 也, 和 and 都, using the words in the boxes.

gēge	bàba	lǎoshī	xuésheng	yīshēng
哥哥	爸爸	老师	学生	医生
māma	jiějie	jìzhě	hùshi	
妈妈	姐姐	记者	护士	

Lesson 3　Unit 3　45

Vocabulary extension

1 Think of people you know who have these jobs.

dǎoyóu 导游	tour guide	gōngchéngshī 工程师	engineer	
lǜshī 律师	lawyer	fúwùyuán 服务员	waiter, waitress	
chúshī 厨师	chef	xiūlǐgōng 修理工	mechanic, repairman	
mìshū 秘书	secretary	lǐfàshī 理发师	barber, hairdresser	

2 Write the names of the jobs under the pictures.

Vocabulary list

她	tā	pron.	she, her		家	jiā	n.	family, home
妹妹	mèimei	n.	younger sister		的	de	structural particle	
这	zhè	pron.	this		照片	zhàopiàn	n.	photo
弟弟	dìdi	n.	younger brother		哥哥	gēge	n.	elder brother
和	hé	conj.	and		学校	xuéxiào	n.	school
也	yě	adv.	also		老师	lǎoshī	n.	teacher
学生	xuésheng	n.	student		姐姐	jiějie	n.	elder sister
记者	jìzhě	n.	journalist		护士	hùshi	n.	nurse
爸爸	bàba	n.	father		导游	dǎoyóu	n.	tour guide
做	zuò	v.	do		律师	lǜshī	n.	lawyer
工作	gōngzuò	n./v.	work, job		厨师	chúshī	n.	chef
他	tā	pron.	he, him		秘书	mìshū	n.	secretary
医生	yīshēng	n.	doctor		工程师	gōngchéngshī	n.	engineer
妈妈	māma	n.	mother		服务员	fúwùyuán	n.	waiter, waitress
医院	yīyuàn	n.	hospital		修理工	xiūlǐgōng	n.	mechanic, repairman
都	dōu	adv.	both, all		理发师	lǐfàshī	n.	barber, hairdresser

UNIT
4

Tā zhēn gāo
他 真 高!
He's so tall!

LESSON | 1

Vocabulary and listening

1 Work in pairs. Discuss which adjectives describe these people.

- ☐ 高 gāo tall
- ☐ 年轻 niánqīng young
- ☐ 可爱 kě'ài cute
- ☐ 酷 kù cool
- ☐ 帅 shuài handsome
- ☐ 矮 ǎi short
- ☐ 老 lǎo old
- ☐ 漂亮 piàoliang pretty

Now listen and check the adjectives you hear.

2 Listen to the conversation.
Anna and Wang Yu are talking about Yao Ming.

安娜： 他是谁？他是姚明，是吗？
　　　 Tā shì shéi? Tā shì Yáo Míng, shì ma?

王玉： 是。
　　　 Shì.

安娜： 他是哪里人？
　　　 Tā shì nǎli rén?

王玉： 上海人，但是现在住在美国。
　　　 Shànghǎirén, dànshì xiànzài zhù zài Měiguó.

安娜： 他多大？三十五岁？
　　　 Tā duō dà? Sānshíwǔ suì?

王玉： 我不知道。
　　　 Wǒ bù zhīdào.

安娜： 他真高！
　　　 Tā zhēn gāo!

王玉： 也很帅，很酷！他是我最喜欢的篮球运动员！
　　　 Yě hěn shuài, hěn kù. Tā shì wǒ zuì xǐhuan de lánqiú yùndòngyuán!

48 Unit 4 Lesson 1

生词 New words

shéi 谁	who	gāo 高	tall
Shànghǎi 上海	Shanghai	shuài 帅	handsome
xiànzài 现在	now	kù 酷	cool
duō dà 多大	how old	zuì 最	most
suì 岁	year(s) old	xǐhuan 喜欢	like
zhīdào 知道	know	lánqiú 篮球	basketball
zhēn 真	really, so	yùndòngyuán 运动员	athlete

3 Listen again and answer the questions. (1-34)

1 Yáo Míng shì nǎli rén
  姚 明 是 哪里 人？

2 Yáo Míng zhù zài nǎli
  姚 明 住 在 哪里？

3 Yáo Míng zuò shénme gōngzuò
  姚 明 做 什么 工作？

4 Listen and number the people in the order you hear them. (1-35)

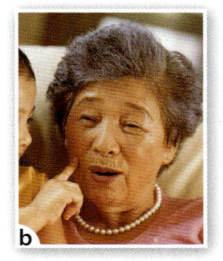

☐ a   ☐ b

☐ c   ☐ d

5 Work in pairs. Choose a famous athlete you know and act out the conversation in Activity 2.

Lesson 1 Unit 4 49

Pronunciation and speaking

The finals: "ao" "uei" "en"

1 Listen and number the sounds you hear.

☐ ao   ☐ ui (uei)   ☐ en

2 Say the sentences aloud.

    Zǎoshang hǎo Gāo lǎoshī
1 早上 好，高老师！

    Suí lǎoshī shì Suí Wēi de bàba
2 隋老师是隋薇的爸爸。

    Chén Zhēn shì Shēnzhènrén
3 陈真是深圳人。

    Tā hěn shuài yě hěn kù
4 他很帅，也很酷！

Now listen and repeat.

3 Listen and say the words.

    shéi   zuì   suì
1 谁   最   岁

    duō dà   lánqiú   yùndòngyuán
2 多大   篮球   运动员

    xǐhuan   zhīdào   xiànzài
3 喜欢   知道   现在

4 Write notes about one of the people below.

David Beckham   Serena Williams   Michael Phelps

Tā Tā shì   rén tā tā zhù zài
他/她是 _____ 人，他/她住在 _____。

Tā Tā hěn   yě hěn
他/她很 _____，也很 _____。

Tā Tā shì
他/她是 _____。

5 Work in pairs.

Student A: Tell your partner about the person you have written about in Activity 4, but do not say their name. Use your notes to help you.

Student B: Listen and guess the person's identity.

Now change roles.

CHINESE TO GO
Welcoming and saying goodbye to guests

Qǐng jìn
请进。   Please come in.

Mànzǒu
慢走。   Goodbye. (literally: walk slowly)

Yīhuìr jiàn
一会儿见。   See you later!

LESSON | 2

Reading and writing

1 Match the words with the meanings.

1 姓名 (xìngmíng) — a place of birth
2 年龄 (niánlíng) — b nationality
3 出生地 (chūshēngdì) — c full name
4 国籍 (guójí) — d age

2 Read Wang Yu's Sina profile and check the true statements.

☐ 1 王玉是上海人。(Wáng Yù shì Shànghǎirén)
☐ 2 熊猫真酷！(Xióngmāo zhēn kù)
☐ 3 姚明很帅。(Yáo Míng hěn shuài)
☐ 4 李小龙很可爱。(Lǐ Xiǎolóng hěn kě'ài)

3 Answer the questions.

1 王玉多大？(Wáng Yù duō dà)
2 王玉的电子邮箱是什么？(Wáng Yù de diànzǐ yóuxiāng shì shénme)
3 王玉最喜欢的运动员是谁？(Wáng Yù zuì xǐhuan de yùndòngyuán shì shéi)
4 王玉最喜欢的演员是谁？(Wáng Yù zuì xǐhuan de yǎnyuán shì shéi)

生词 New words

姓名 xìngmíng	full name	动物 dòngwù	animal
年龄 niánlíng	age	熊猫 xióngmāo	panda
出生地 chūshēngdì	place of birth	可爱 kě'ài	cute
国籍 guójí	nationality	演员 yǎnyuán	actor, actress
电子邮箱 diànzǐ yóuxiāng	email box/address		

---

sina 新浪博客 博客首页 | 微博：最火交流工具 看明星动态 | 登录 注册 | 发博文 | 博文 | 搜索

首页 | 博文 | 图片 | 关于我

我的资料 | 我的档案

姓名 (xìngmíng): 王玉 (Wáng Yù)
年龄 (niánlíng): 二十岁 (èrshí suì)
出生地 (chūshēngdì): 北京 (Běijīng)
国籍 (guójí): 中国 (Zhōngguó)
电子邮箱 (diànzǐ yóuxiāng): wangyu0521@DC.com

最喜欢的动物：熊猫——可爱！
(zuì xǐhuan de dòngwù: xióngmāo — kě'ài)

最喜欢的运动员：姚明——很帅！
(zuì xǐhuan de yùndòngyuán: Yáo Míng — hěn shuài)

最喜欢的演员：李小龙——真酷！
(zuì xǐhuan de yǎnyuán: Lǐ Xiǎolóng — zhēn kù)

播客 微博
进入我的空间
加好友 发纸条
写留言 加关注

博客等级：22
博客积分：806
博客访问：5,631,496

4 Match the questions with the information they ask for.

1 他/她 多大？
　 Tā　Tā duō dà

2 他/她 叫 什么 名字？
　 Tā　Tā jiào shénme míngzi

3 他/她 最喜欢的 演员 是 谁？
　 Tā　Tā zuì xǐhuan de yǎnyuán shì shéi

4 他/她 最喜欢的 运动员 是 谁？
　 Tā　Tā zuì xǐhuan de yùndòngyuán shì shéi

5 他/她 最喜欢的 动物 是 什么？
　 Tā　Tā zuì xǐhuan de dòngwù shì shénme

6 他/她 的 电子 邮箱 是 什么？
　 Tā　Tā de diànzǐ yóuxiāng shì shénme

7 他/她 的 出生地 是 哪里？
　 Tā　Tā de chūshēngdì shì nǎli

a 姓名 xìngmíng
b 年龄 niánlíng
c 出生地 chūshēngdì
d 电子 邮箱 diànzǐ yóuxiāng
e 最 喜欢 的 人 和 动物 zuì xǐhuan de rén hé dòngwù

5 Design an online personal profile for yourself.

Language in use

Interrogative pronoun 谁 shéi

1 Look at the sentences.

Subject (noun / 谁)	Predicate	
	Verb	Object (noun / 谁)
她 Tā	是 shì	我 妹妹。wǒ mèimei
她 Tā	是 shì	谁？shéi
谁 Shéi	是 shì	你 妹妹？nǐ mèimei
王 玉 Wáng Yù	认识 rènshi	马克。Mǎkè
王 玉 Wáng Yù	认识 rènshi	谁？shéi
谁 Shéi	认识 rènshi	马克？Mǎkè

Now check the two correct explanations.

☐ 1 The question word 谁 can be used at both the beginning and the end of a question.

☐ 2 谁 means "who" or "whom".

☐ 3 谁 can only be used in a sentence with 是.

2 Write questions about the underlined parts of the sentences using 谁.

1 她 是 我 妈妈。
　 Tā shì wǒ māma

2 王 玉 是 我 妹妹。
　 Wáng Yù shì wǒ mèimei

3 这 是 他 爸爸。
　 Zhè shì tā bàba

▶ Turn to page 164 for grammar reference.

Numbers in Chinese

1 Look at the numbers.

Chinese	English	Chinese	English
十 shí	ten	十一 shí yī	eleven
二十 èr shí	twenty	十五 shí wǔ	fifteen
三十 sān shí	thirty	二十二 èr shí èr	twenty-two
四十 sì shí	forty	五十八 wǔ shí bā	fifty-eight

Now check the two correct explanations.

☐ 1 Chinese numbers such as twenty, thirty, forty, etc are formed by adding an affix to the characters for 2 to 9.

☐ 2 Chinese numbers such as twenty, thirty, forty, etc are formed by adding the character for 10 after the characters for 2 to 9.

☐ 3 Chinese numbers such as eleven, fifteen, twenty-two, etc are formed by adding the characters for 1 to 9 after the characters for 10 to 90.

2 Write the numbers in Chinese.

1 fifty   2 seventy   3 twelve   4 thirty-three

▶ Turn to page 164 for grammar reference.

Asking about age using 多大 duō dà

1 Look at the sentences.

Subject	Predicate	
马克 Mǎkè	多大? duō dà	How old is Mark?
他 Tā	十九岁。 shíjiǔ suì	He is 19 years old.
她/他 Tā Tā	多大? duō dà	How old is she/he?
她/他 Tā Tā	四岁。 sì suì	She/He is 4 years old.

Now answer the questions.

1 What does 多大 mean?
2 Where is 多大 positioned in the Chinese sentence?

2 Write questions for the answers using 多大.

1 我 二十 岁。 Wǒ èrshí suì

2 我 妈妈 五十一 岁。 Wǒ māma wǔshíyī suì

3 永民 十八 岁。 Yǒngmín shíbā suì

▶ Turn to page 165 for grammar reference.

真/很 zhēn hěn + adjective

1 Look at the sentences.

Subject	Adverb	Adjective
我 Wǒ	真/很 zhēn hěn	高兴。 gāoxìng
I am really/very happy.		
你妈妈 Nǐ māma	真/很 zhēn hěn	年轻。 niánqīng
Your mum is really/very young.		

Now answer the questions.

1 In the English sentences, which word appears before adjectives such as "happy" and "young" which is not used in Chinese?

2 Are there any differences in word order between these English and Chinese sentences?

2 Translate the sentences into English.

1 姚 明 很 帅 。 Yáo Míng hěn shuài

2 爸爸 真 高！ Bàba zhēn gāo

3 我 的 老师 真 年轻！ Wǒ de lǎoshī zhēn niánqīng

▶ Turn to page 165 for grammar reference.

Lesson 2   Unit 4   53

LESSON | 3

Communication activity

1 Work in pairs. Choose the three coolest individuals of all time. Think about the reasons for your choice.

Name	Reasons to support your choice
míngzi 名字	lǐyóu 理由

2 Work with another pair. Discuss your choice of the coolest people and explain your reasons.

Now vote for the coolest individual of all time.

▶ Turn to pages 151 and 157 for more speaking practice.

A: Bruce Lee 是 最 酷 的 演员，
   shì zuì kù de yǎnyuán
   他 的 中国 功夫 很 棒。
   tā de Zhōngguó gōngfu hěn bàng

B: 我 喜欢 Michael Jackson，
   Wǒ xǐhuan
   他 是 最 酷 的 明星。
   tā shì zuì kù de míngxīng

Cultural Corner

I was born in the Year of the Horse.

The Chinese zodiac operates on a twelve-year cycle, using the following twelve animals: Rat, Ox, Tiger, Rabbit, Dragon, Snake, Horse, Sheep, Monkey, Rooster, Dog, and Pig.

Each animal has certain characteristics that people born under the sign are said to share. Horoscopes were developed around these animal signs to predict a person's personality and destiny.

For example, people born in the Year of the Horse (1966, 1978, 1990 and 2002) are considered to be cheerful, popular and hardworking.

The Chinese zodiac can be used to indirectly find out how old people are, as the age of a person can be calculated through asking their zodiac sign.

Character writing

These are two common radicals in Chinese. Do you know any other characters with the same radicals?

Radicals	Meaning	Examples
土	earth	在，地
氵	water	江，演

1 Look at the characters and identify the radicals.

墨　澳　坞　法

2 Match the words with the meanings.

chūshēngdì
1 出生地　　　a Shanghai
zài
2 在　　　　　b pretty
piàoliang
3 漂亮　　　　c place of birth
Shànghǎi
4 上海　　　　d at, in

3 Trace the characters in the boxes.

地
在
海
漂

Review and practice

1 Put the words in the correct order to make sentences.

zhè mèimei wǒ shì
1 这 / 妹妹 / 我 / 是 /。

piàoliang yě hěn tā hěn gāo
2 漂亮 / 也 / 很 / 她 / 很 / 高 /！

yùndòngyuán shì tā lánqiú
3 运动员 / 是 / 她 / 篮球 /。

shíbā suì tā
4 十八 / 岁 / 她 /。

2 Put the sentences in Activity 1 in the correct order to make a coherent passage.

3 Make as many sentences as you can using the words 真 and 很 with the words in the box.

māma	niánqīng	piàoliang
妈妈	年轻	漂亮
dàjiā	nǐmen	gāo　shuài
大家	你们	高　帅
Wáng xiǎojiě	míngxīng	xìnggǎn
王 小姐	明星	性感
gāoxìng	jiějie	
高兴	姐姐	

Lesson 3　Unit 4　55

Vocabulary extension

1 Look at the expressions used to describe people.

tóufa cháng
头发 长

tóufa duǎn
头发 短

gèzi gāo
个子 高

gèzi ǎi
个子 矮

2 Describe the people using the appropriate expressions.

Tā de　　　　hěn
1 她(的 _____) 很 _____ 。

Tā hěn
2 他 很 _____ 。

Tā de　　　　zhēn
他(的 _____) 真 _____ 。

Vocabulary list

谁	shéi	pron.	who
上海	Shànghǎi	n.	Shanghai
现在	xiànzài	n.	now
多大	duō dà		how old
岁	suì	n.	year(s) old
知道	zhīdào	v.	know
真	zhēn	adv.	really, so
高	gāo	adj.	tall
帅	shuài	adj.	handsome
酷	kù	adj.	cool
最	zuì	adv.	most
喜欢	xǐhuan	v.	like
篮球	lánqiú	n.	basketball
运动员	yùndòngyuán	n.	athlete
姓名	xìngmíng	n.	full name
年龄	niánlíng	n.	age

出生地	chūshēngdì	n.	place of birth
国籍	guójí	n.	nationality
电子邮箱	diànzǐ yóuxiāng	n.	email box/address
动物	dòngwù	n.	animal
熊猫	xióngmāo	n.	panda
可爱	kě'ài	adj.	cute
演员	yǎnyuán	n.	actor, actress
老	lǎo	adj.	old
年轻	niánqīng	adj.	young
漂亮	piàoliang	adj.	pretty
矮	ǎi	adj.	short (height)
头发	tóufa	n.	hair
长	cháng	adj.	long
短	duǎn	adj.	short (length)
个子	gèzi	n.	(person) height

Review 1

Vocabulary

1 Match the pictures with the words.

a b c d e f

1 医生 yīshēng _____
2 学校 xuéxiào _____
3 学生 xuésheng _____
4 中文 Zhōngwén _____
5 动物 dòngwù _____
6 记者 jìzhě _____

2 Write ten words with the characters in the box.

shén 什	xué 学	dàn 但	gōng 工
shēng 生	me 么	zhù 住	shí 识
nǎ 哪	kě 可	rèn 认	piàn 片
zài 在	zuò 作	shì 是	lǐ 里
yī 医	zhào 照	yuàn 院	ài 爱

3 Complete the conversations with the words in the box.

| nǐ hǎo 你好 | jiào 叫 | míngxīng 明星 | rén 人 |
| jiějie 姐姐 | piàoliang 漂亮 | duō dà 多大 | shuài 帅 |

1 A: 他是哪国 _____ ? (Tā shì nǎ guó)
   B: 他是美国人。(Tā shì Měiguórén)

2 A: _____ !
   请问,你 _____ 什么名字? (Qǐngwèn nǐ shénme míngzi)
   B: 我叫王玉。(Wǒ jiào Wáng Yù)

3 A: 她是你 _____ 吗? (Tā shì nǐ ma)
   她真 _____ 。(Tā zhēn)
   B: 不,她是我妈妈。(Bù, tā shì wǒ māma)

4 A: 你认识李小龙吗? (Nǐ rènshi Lǐ Xiǎolóng ma)
   他是 _____ 。(Tā shì)
   B: 我认识他,他很 _____ 。(Wǒ rènshi tā, tā hěn)

5 A: 你是学生吗? 你 _____ ? (Nǐ shì xuésheng ma Nǐ)
   B: 我是学生,我十五岁。(Wǒ shì xuésheng, wǒ shíwǔ suì)

Grammar

1 Match the questions with the answers.

1 王玉的哥哥在哪里工作？
   Wáng Yù de gēge zài nǎli gōngzuò

2 她多大？
   Tā duō dà

3 你姓李吗？
   Nǐ xìng Lǐ ma

4 他是谁？
   Tā shì shéi

5 安娜住在哪里？
   Ānnà zhù zài nǎli

6 马克是学生，马克的妹妹呢？
   Mǎkè shì xuésheng Mǎkè de mèimei ne

a 他妹妹是记者。
   Tā mèimei shì jìzhě

b 我不姓李，我姓王。
   Wǒ bù xìng Lǐ wǒ xìng Wáng

c 他在学校工作。
   Tā zài xuéxiào gōngzuò

d 他是姚明。
   Tā shì Yáo Míng

e 她五岁。
   Tā wǔ suì

f 她住在美国。
   Tā zhù zài Měiguó

2 Complete the sentences with the words in the box.

yě	dōu	nǎli	zhēn	nǎ	hěn
也	都	哪里	真	哪	很

1 马克是＿＿＿人？
   Mǎkè shì rén

2 安娜＿＿＿漂亮。
   Ānnà piàoliang

3 他的妹妹＿＿＿年轻。
   Tā de mèimei niánqīng

4 他是医生，他爸爸＿＿＿是医生。
   Tā shì yīshēng tā bàba shì yīshēng

5 我们＿＿＿是学生。
   Wǒmen shì xuésheng

6 他是＿＿＿国人？
   Tā shì guó rén

3 Write questions for the answers using 谁, 吗, 哪里 and 你呢 where appropriate.

1 我也住在伦敦。
   Wǒ yě zhù zài Lúndūn

2 她是我姐姐。
   Tā shì wǒ jiějie

3 他住在北京。
   Tā zhù zài Běijīng

4 我住在墨尔本，但是我不是澳大利亚人。
   Wǒ zhù zài Mò'ěrběn dànshì wǒ bù shì Àodàlìyàrén

4 Complete the passage with the words in the box. You can use some words more than once.

zhù zài	shì	dōu	xìng
住在	是	都	姓
yǎnyuán	yě	hěn	suì
演员	也	很	岁

王玉＿＿＿王，不＿＿＿玉。
Wáng Yù Wáng bù Yù

她＿＿＿中国人，她的年龄是
Tā Zhōngguórén tā de niánlíng shì

二十＿＿＿。她＿＿＿北京。她
èrshí Tā Běijīng Tā

爸爸在医院工作，她妈妈＿＿＿在
bàba zài yīyuàn gōngzuò tā māma zài

医院工作，他们＿＿＿是医生。
yīyuàn gōngzuò tāmen shì yīshēng

王玉最喜欢的运动员是姚明，
Wáng Yù zuì xǐhuan de yùndòngyuán shì Yáo Míng

他＿＿＿高，也很帅。她最喜欢
tā gāo yě hěn shuài Tā zuì xǐhuan

的＿＿＿是李小龙。
de shì Lǐ Xiǎolóng

Integrated skills

1 Listen and circle the words you hear.

    Tā shì shéi
A: 他 是 谁？

    Tā shì wǒ   gēge   dìdi
B: 他 是 我 (哥哥 / 弟弟)。

    Tā duō dà
A: 他 多 大？

    Tā sānshí suì   èrshí suì
B: 他 (三十 岁 / 二十 岁)。

    Tā zhù zài nǎli
A: 他 住 在 哪里？

    Tā zhù zài Àodàlìyà   Jiānádà
B: 他 住 在 (澳大利亚 / 加拿大)。

    Tā zuò shénme gōngzuò
A: 他 做 什么 工作？

    Tā shì xuésheng yīshēng
B: 他 是 (学生 / 医生)。

2 Choose the correct answers to the questions.

    Shǐdìfū shì Yīngguórén ma
1 史蒂夫 是 英国人 吗？

    Shì dànshì tā zhù zài Běijīng
a 是，但是 他 住 在 北京。

    Bù   tā bù zhù zài Lúndūn
b 不，他 不 住 在 伦敦。

    Nǐ zài yīyuàn gōngzuò ma
2 你 在 医院 工作 吗？

    Shì wǒ shì yīshēng
a 是，我 是 医生。

    Bù wǒ bù shì xuésheng
b 不，我 不 是 学生。

    Nǐ zuì xǐhuan de míngxīng shì shéi
3 你 最 喜欢 的 明星 是 谁？

    Lǐ Xiǎolóng
a 李 小龙。

    Wǒ bù shì míngxīng
b 我 不 是 明星。

3 Work in pairs. Complete the conversations.

    Nǐ hǎo
1 A: 你 好！ _____ ?

    Wǒ jiào
B: 我 叫 _____。 _____ ?

A: _____。

    Rènshi nǐ hěn gāoxìng
B: 认识 你 很 高兴。

    Zhè shì wǒ māma   zhè shì wǒ bàba
2 A: 这 是 我 妈妈，这 是 我 爸爸。

B: _____ ?

    Tā shì wǒ jiějie
A: 她 是 我 姐姐。

B: _____ ?

    Tā shì hùshi
A: 她 是 护士。

B: _____ ?

A: _____。

Review 1 • 59

4 Complete the Sina profile with your own information.

```
xìngmíng                    niánlíng
姓名：                       年龄：
chūshēngdì                  guójí
出生地：                     国籍：
diànzǐ yóuxiāng
电子 邮箱：

zuì xǐhuan de dòngwù
最 喜欢 的 动物：
zuì xǐhuan de yùndòngyuán
最 喜欢 的 运动员：
zuì xǐhuan de yǎnyuán
最 喜欢 的 演员：
```

Now work in pairs. Ask and answer questions about each other's profiles.

5 Complete the passage using the words in the box.

Zhōngguó	yùndòngyuán	Měiguó	xǐhuan
中国	运动员	美国	喜欢
gāo	bàba hé māma	xuésheng	yīyuàn
高	爸爸和妈妈	学生	医院

Tā shì wǒ zuì xǐhuan de lánqiú   tā
他 是 我 最 喜欢 的 篮球 _____，他
hěn   Tā shì   rén dànshì tā xiànzài
很 _____。他 是 _____ 人，但是 他 现在
zhù zài
住 在 _____。
Tā   dōu zhù zài Zhōngguó tā jiějie
他 _____ 都 住 在 中国，他 姐姐
hé dìdi yě zhù zài Zhōngguó Tā jiějie shì hùshi
和 弟弟 也 住 在 中国。他 姐姐 是 护士，
zài   gōngzuò tā dìdi shì   yě
在 _____ 工作，他 弟弟 是 _____，也
shì lánqiú yùndòngyuán tāmen dōu   lánqiú
是 篮球 运动员，他们 都 _____ 篮球。
Tā shì Yáo Míng
他 是 姚 明！

Enjoy Chinese

lǎo
老   old
lǎorén
老人 old man
lǎoshī
老师 teacher
lǎobǎn
老板 boss

The original meaning of 老 is "old". Its ancient shape looks like an old man walking with a crutch.

60 Review 1

UNIT 5

Zhè shì wǒ de
这是我的
diànhuà hàomǎ
电话号码。

Here's my phone number.

LESSON | 1

Vocabulary and listening

1 Match the words with the pictures.

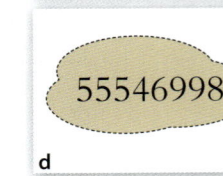

a
b
c
d   55546998

diànhuà	shǒujī	hàomǎ	gōngyuán
1 电话	2 手机	3 号码	4 公园

Now listen and say the words.

2 Write the telephone numbers you hear.

1 _____   2 _____   3 _____

Now listen again and check your answers.

3 Listen to the conversation.
Yeong-min is asking Steve for his address and phone number.

Yǒngmín　　Shǐdìfū　　nǐ de diànhuà hàomǎ shì　　　　ma
永民：史蒂夫，你的电话号码是 55546998 吗？

Shǐdìfū　　Shì　zhè shì wǒ jiā de diànhuà hàomǎ
史蒂夫：是，这是我家的电话号码。

Yǒngmín　　Nǐ de shǒujī hàomǎ shì duōshao
永民：你的手机号码是多少？

Shǐdìfū　　Wǒ de shǒujī hàomǎ shì
史蒂夫：我的手机号码是 12081345761。

Yǒngmín　　Nǐ zhù zài nǎli
永民：你住在哪里？

Shǐdìfū　　Wǒ zhù zài Gōngyuán Lù shíjiǔ hào
史蒂夫：我住在公园路 19 号。

Yǒngmín　　Nǐ de diànzǐ yóuxiāng shì shénme
永民：你的电子邮箱是什么？

Shǐdìfū
史蒂夫：steve@DC.com。

生词 New words

diànhuà 电话	telephone	gōngyuán 公园	park
hàomǎ 号码	number, code	lù 路	road
shǒujī 手机	mobile phone	hào 号	number, date (spoken)
duōshao 多少	what, how many/much		

4 Listen again and answer the questions.

1 Shǐdìfū jiā de diànhuà hàomǎ shì duōshao
 史蒂夫家的 电话 号码是 多少？

2 Shǐdìfū zhù zài nǎli
 史蒂夫 住 在 哪里？

3 Shǐdìfū de diànzǐ yóuxiāng shì shénme
 史蒂夫 的 电子 邮箱 是 什么？

5 Listen and check the numbers you hear.

1 Yǒngmín zhù zài Dàxué Lù _____ hào
 永民 住在大学路 _____ 号。

 ☐ a 313   ☐ b 213

2 Tā jiā de diànhuà hàomǎ shì
 他家的 电话 号码是 _____。

 ☐ a 55592134   ☐ b 55591234

3 Tā de shǒujī hàomǎ shì
 他的 手机 号码是 _____。

 ☐ a 12901052227   ☐ b 12910055227

6 Work in pairs. Act out the conversation in Activity 3 using your own addresses and phone numbers.

Pronunciation and speaking

The tones of 不 (bù)

1 Look at the tone marks for 不. How does the tone of 不 change?

bù gāoxìng　　bù niánqīng
不 高兴　　　不 年轻

bù hǎo　　　　bú shì
不 好　　　　不 是

Now listen and say the words.

2 Listen and write the correct tones for 不.

1　bu kě'ài　　　5　bu gāo
　 不 可爱　　　　不 高

2　bu shuài　　　6　bu kù
　 不 帅　　　　　不 酷

3　bu xìng　　　 7　bu piàoliang
　 不 姓　　　　　不 漂亮

4　bu jiào　　　 8　bu rènshi
　 不 叫　　　　　不 认识

3 Read the sentences aloud. Make sure you change the tone of 不 when necessary.

1　Wǒ bú xìng Wáng
　 我 不 姓 王。

2　Wǒ bù zhīdào
　 我 不 知道。

3　Tā bù xǐhuan Yáo Míng
　 他 不 喜欢 姚 明。

4　Zhè bú shì wǒ de yóuxiāng
　 这 不 是 我 的 邮箱。

5　Tā bù niánqīng
　 她 不 年轻。

Now listen and repeat.

4 Listen and say the words.

1　diànhuà　　shǒujī　　hàomǎ
　 电话　　　手机　　　号码

2　zhè shì　　duōshao　shénme
　 这是　　　多少　　　什么

3　nǐ de　　　diànzǐ　　yóuxiāng
　 你 的　　　电子　　　邮箱

5 Work in groups. Ask and answer questions about phone numbers and email addresses. Use the prompts below to help you.

Nǐ de diànhuà hàomǎ shì duōshao
你 的 电话 号码 是 多少？

Nǐ de diànzǐ yóuxiāng shì shénme
你 的 电子 邮箱 是 什么？

CHINESE TO GO
Receiving and ending phone calls

Wèi
喂。　　　　　　Hello!

Nǐ zhǎo shéi ya
你 找 谁 呀？　　Who do you want to speak to?

Dǎ cuò le
打 错 了。　　　 Wrong number.

Duìbuqǐ
对不起。　　　　Sorry.

64　Unit 5　Lesson 1

LESSON 2

Reading and writing

1 Look at the mobile phone screen and guess the meaning of the words.

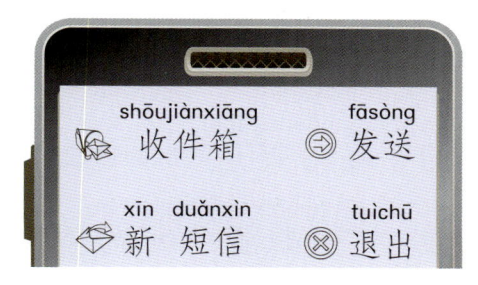

shōujiànxiāng　　fāsòng
收件箱　　　　　发送

xīn　duǎnxìn　　tuìchū
新 短信　　　　退出

2 Read the messages between Mark and Wang Yu and answer the questions.

　　Mǎkè de xīn dìzhǐ shì shénme
1　马克的新地址是什么？

　　Mǎkè de xīn diànhuà hàomǎ shì duōshao
2　马克的新电话号码是多少？

　　Wáng Yù de shǒujī hàomǎ shì duōshao
3　王玉的手机号码是多少？

　　Ānnà zhù zài nǎli
4　安娜住在哪里？

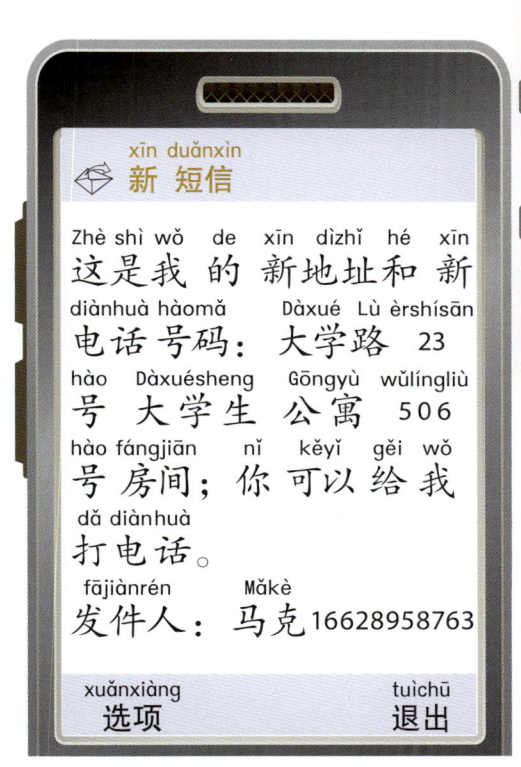

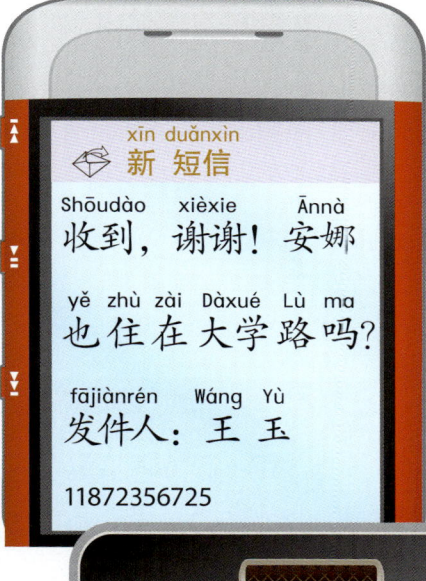

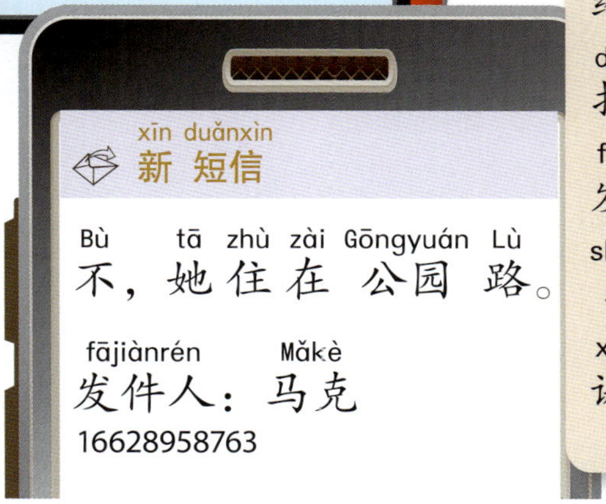

3 Read the text message and write a reply.

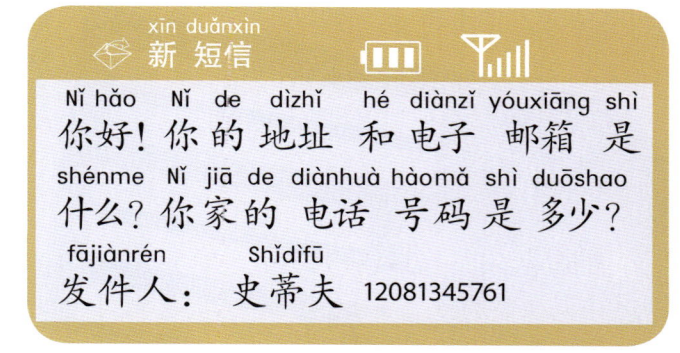

xīn duǎnxìn
新 短信

Nǐ hǎo　Nǐ de dìzhǐ hé diànzǐ yóuxiāng shì
你好！你的地址和电子邮箱是
shénme　Nǐ jiā de diànhuà hàomǎ shì duōshao
什么？你家的电话号码是多少？

fājiànrén：　Shǐdìfū
发件人：史蒂夫　12081345761

Nǐ hǎo　Wǒ de dìzhǐ shì
你好！我的地址是……

---

xīn duǎnxìn
新 短信

Zhè shì wǒ de xīn dìzhǐ hé xīn
这是我的新地址和新
diànhuà hàomǎ　　Dàxué Lù èrshísān
电话号码：大学路 23
hào　Dàxuéshēng　Gōngyù wǔlíngliù
号 大学生 公寓 506
hào fángjiān　nǐ kěyǐ gěi wǒ
号房间；你可以给我
dǎ diànhuà
打电话。

fājiànrén：　Mǎkè
发件人：马克　16628958763

xuǎnxiàng　　　　　　tuìchū
选项　　　　　　　　退出

---

xīn duǎnxìn
新 短信

Shōudào　xièxie　Ānnà
收到，谢谢！安娜
yě zhù zài Dàxué Lù ma
也住在大学路吗？

fājiànrén　Wáng Yù
发件人：王玉

11872356725

---

xīn duǎnxìn
新 短信

Bù　tā zhù zài Gōngyuán Lù
不，她住在公园路。

fājiànrén　Mǎkè
发件人：马克
16628958763

生词　New words

xīn 新	new
dìzhǐ 地址	address
dàxué 大学	university
gōngyù 公寓	block of flats, apartment building
fángjiān 房间	room
kěyǐ 可以	may, can
gěi 给	give, to
dǎ diànhuà 打电话	make a phone call
fājiànrén 发件人	sender
shōudào 收到	receive
xièxie 谢谢	thank you

Lesson 2　Unit 5　65

4 **Work in pairs.**

Student A: You have lost your suitcase. Ask Student B at the Lost Luggage Office to help you find it.

Student B: You work at the Lost Luggage Office. Make notes about Student A's lost suitcase. Use the prompts below to help you.

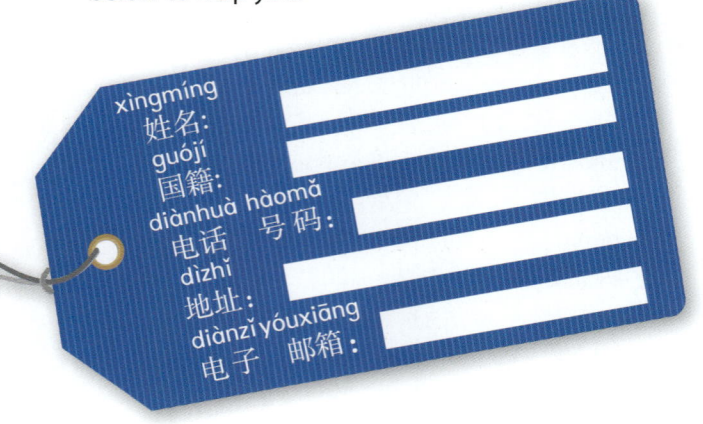

xìngmíng
姓名:
guójí
国籍:
diànhuà hàomǎ
电话 号码:
dìzhǐ
地址:
diànzǐ yóuxiāng
电子 邮箱:

Nǐ jiào shénme míngzi
你 叫 什么 名字?

Nǐ shì nǎli rén
你 是 哪里 人?

Nǐ de diànhuà hàomǎ shì duōshao
你 的 电话 号码 是 多少?

Nǐ de dìzhǐ shì shénme
你 的 地址 是 什么?

Nǐ de diànzǐ yóuxiāng shì shénme
你 的 电子 邮箱 是 什么?

Language in use

Question word duōshao 多少

1 Choose the correct answers to the questions.

Tā de shǒujī hàomǎ shì duōshao
1 他 的 手机 号码 是 多少?

 Tā de shǒujī hàomǎ shì
a 他 的 手机 号码 是 13323455928。

 Tā zhù zài Gōngyuán Lù èrshíyī hào
b 他 住 在 公园 路 21 号。

Mǎkè de fángjiānhào shì duōshao
2 马克 的 房间号 是 多少?

 Mǎkè bù zhù zài wǔlíngbā
a 马克 不 住 在 508。

 Mǎkè de fángjiānhào shì wǔlíngliù
b 马克 的 房间号 是 506。

Shǐdìfū zhù zài Gōngyuán Lù duōshao hào
3 史蒂夫 住 在 公园 路 多少 号?

 Shíjiǔ hào   Dàxué Lù
a 19 号。   b 大学 路。

2 Look at the pictures and write a question using 多少 for each and an appropriate answer.

1

A: _____?

B: _____。

2

A: _____?

B: _____。

▶ Turn to page 165 for grammar reference.

Word order of Chinese addresses

1 Look at the phrases.

> Gōngyuán Lù shíjiǔ hào
> 公园 路 19 号
>
> Dàxué Lù Dàxuéshēng Gōngyù wǔlíngliù hào fángjiān
> 大学 路 大学生 公寓 506 号 房间

Now check the correct explanation.

☐ 1 The word order of Chinese addresses goes from big to small.

☐ 2 The word order of Chinese addresses goes from small to big.

2 Write the addresses in Chinese.

1 No. 8 University Road

2 Room 203, Yu Building, No. 20 Park Road

▶ Turn to page 165 for grammar reference.

The pronunciation of the number "1"

1 Listen to the phrases.

1 yī èr sān sì
　一 二 三 四

2 yī tiān
　一 天

3 55531213

4 yāo' èrbā hào fángjiān
　128 号 房间

Now check the two correct explanations.

☐ 1 The number "1" is pronounced yi in ordinary counting.

☐ 2 The number "1" is pronounced yao in ordinary counting.

☐ 3 The number "1" is pronounced yao in telephone and room numbers.

2 Read the sentences aloud.

1 suì
　21 岁

2 Fángjiān hào shì
　房间 号 是 1280。

3 Diànhuà hàomǎ shì
　电话 号码 是 3181。

4 gè fángjiān
　11 个 房间

Now listen and repeat.

▶ Turn to page 165 for grammar reference.

Lesson 2　Unit 5　67

LESSON | 3

Communication activity

1 Work in pairs.

Student A:

Your school is in the process of updating its student records. You are asked to provide the following information to the school office:

- Your emergency contact number. The number should include the country code and area code.
- Your student card number (学生 卡 号码).
  xuésheng kǎ hàomǎ

Student B:

You work in the school office and are in the process of updating the student records. You are asked to do the following:

- Write down the student's emergency contact number.
- Record the student card number (学生 卡 号码).
  xuésheng kǎ hàomǎ

2 Work in pairs. Act out the conversation using the information you prepared in Activity 1.

3 Change roles and act out the conversation again.

▶ Turn to pages 152 and 158 for more speaking practice.

Cultural Corner

The Chinese way of thinking: from large to small

What is the date today? The answer in Chinese could be 2009年9月19号 (19 September 2009). Chinese people tend to organize their thoughts from large to small, from general to specific, or from collective to individual. You can find this phenomenon in various aspects of Chinese tradition. In the common Chinese address format, for example, 中国北京市海淀区北京外国语大学9号楼504房间, the sequence goes from larger areas to smaller ones. This contrasts with Western formats which are usually from smaller to larger areas, for example, Room 504, No. 9 Building, Beijing Foreign Studies University, Haidian District, Beijing, China.

Character writing

These are two common radicals in Chinese. Do you know any other characters with the same radicals?

Radicals	Meaning	Examples
讠	speech	认识, 话
辶	walk	这, 退

1 Look at the characters and identify the radicals.

记　送　谁　过

2 Match the words with the meanings.

1 fāsòng 发送　　a excuse me
2 tuìchū 退出　　b thanks
3 xièxie 谢谢　　c send
4 qǐngwèn 请问　　d exit

3 Trace the characters in the boxes.

谢
请
送
退

Review and practice

1 Listen and check the numbers you hear.

1　☐ a 88346693　　☐ b 88384639
2　☐ a 12942355734　　☐ b 12943257534

2 Match the questions with the answers.

1 Nǐ jiā de diànhuà hàomǎ shì duōshao
  你家的电话号码是多少？
2 Nǐ de fángjiānhào shì duōshao
  你的房间号是多少？
3 Wǒ de shǒujī hàomǎ shì 17978332624, nǐ de ne
  我的手机号码是17978332624，你的呢？
4 Zhè shì nǐ de diànhuà hàomǎ ma
  这是你的电话号码吗？
5 Nǐ zhù zài wǔlíngbā hào fángjiān ma
  你住在 508 号房间吗？

a Bù zhè bù shì wǒ de diànhuà hàomǎ
  不，这不是我的电话号码。
b 010–23897768。
c Shì 是。
d 113。
e Wǒ de shǒujī hàomǎ shì
  我的手机号码是19810787643。

3 Write questions with 多少 for the answers.

1 sānlíngbāqī hào fángjiān
  3087 号房间。
2 Gōngyuán Lù shíjiǔ hào
  公园路 19 号。
3 72298111。

Lesson 3　Unit 5　69

Vocabulary extension

1 Read the words in the box.

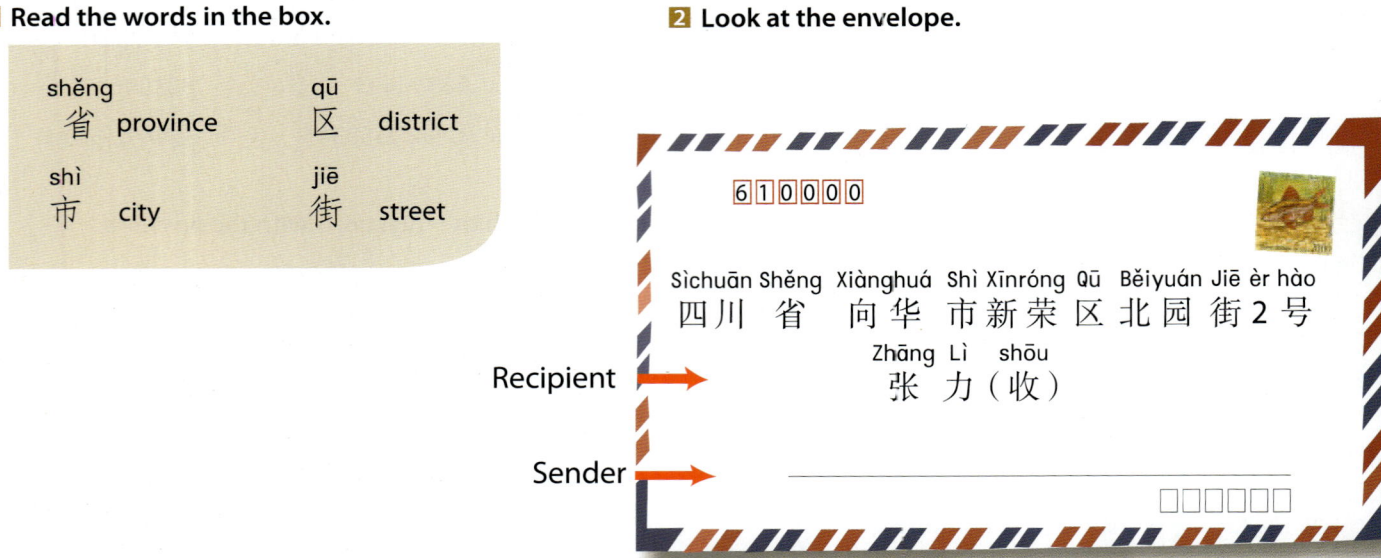

shěng			qū	
省	province		区	district
shì			jiē	
市	city		街	street

2 Look at the envelope.

6 1 0 0 0 0

Sìchuān Shěng Xiànghuá Shì Xīnróng Qū Běiyuán Jiē èr hào
四 川 省 向 华 市 新 荣 区 北 园 街 2 号

Zhāng Lì   shōu
张 力 （收）

Recipient →

Sender →

Now add your address as the sender.

Vocabulary list

电话	diànhuà	n.	telephone
号码	hàomǎ	n.	number, code
手机	shǒujī	n.	mobile phone
多少	duōshao	pron.	what, how many/much
公园	gōngyuán	n.	park
路	lù	n.	road
号	hào	n.	number, date (spoken)
新	xīn	adj.	new
地址	dìzhǐ	n.	address
大学	dàxué	n.	university
公寓	gōngyù	n.	block of flats, apartment building
房间	fángjiān	n.	room
可以	kěyǐ	v.	may, can
给	gěi	v./prep.	give, to
打电话	dǎ diànhuà		make a phone call
发件人	fājiànrén	n.	sender
收到	shōudào	v.	receive
谢谢	xièxie	v.	thank you
收件箱	shōujiànxiāng	n.	inbox
发送	fāsòng	v.	send
短信	duǎnxìn	n.	message
退出	tuìchū	v.	exit, go back
省	shěng	n.	province
市	shì	n.	city
区	qū	n.	district
街	jiē	n.	street

UNIT 6

Jīntiān jǐ hào
今天几号?

What's the date today?

LESSON | 1

Vocabulary and listening

1 Number the months in the order you hear them.

☐ a 五月 Wǔyuè ☐ c 七月 Qīyuè ☐ e 一月 Yīyuè
☐ b 六月 Liùyuè ☐ d 九月 Jiǔyuè ☐ f 二月 Èryuè

Now listen again and say the months.

2 Number the dates in the order you hear them.

☐ a 二月 九 号 Èryuè jiǔ hào ☐ c 二月 五 号 Èryuè wǔ hào
☐ b 七月 十七 号 Qīyuè shíqī hào ☐ d 六月 三 号 Liùyuè sān hào

Now listen again and say the dates.

3 Number the days in the order you hear them.

☐ a	星期三 Xīngqīsān	Monday
☐ b	星期五 Xīngqīwǔ	Tuesday
☐ c	星期四 Xīngqīsì	Wednesday
☐ d	星期六 Xīngqīliù	Thursday
☐ e	星期二 Xīngqī'èr	Friday
☐ f	星期一 Xīngqīyī	Saturday
☐ g	星期日 / 星期天 Xīngqīrì Xīngqītiān	Sunday

Now match them with the days in English.

4 Listen to the conversation.
Mark and Yeong-min are talking about birthdays.

马克： 永民，二月九号是王玉的生日。
Mǎkè: Yǒngmín, Èryuè jiǔ hào shì Wáng Yù de shēngrì.

永民： 真的吗？今天几号？
Yǒngmín: Zhēn de ma? Jīntiān jǐ hào?

马克： 今天二月五号。
Mǎkè: Jīntiān Èryuè wǔ hào.

永民： 九号星期几？
Yǒngmín: Jiǔ hào xīngqī jǐ?

马克： 星期天。我们请她吃饭，怎么样？
Mǎkè: Xīngqītiān. Wǒmen qǐng tā chīfàn, zěnmeyàng?

生词 New words

Èryuè 二月	February	chī 吃	eat
yuè 月	month	qù 去	go
shēngrì 生日	birthday	chúfáng 厨房	kitchen
zhēn de 真的	really	zěnmeyàng 怎么样	how about
jīntiān 今天	today	nàli 那里	there
jǐ 几	how many	Zhōngcān 中餐	Chinese food
Xīngqītiān 星期天	Sunday	cān 餐	cuisine, meal
xīngqī 星期	week	hǎochī 好吃	tasty
wǒmen 我们	we, us	méi wèntí 没问题	no problem
chīfàn 吃饭	have a meal		

Yǒngmín 永民：好，去哪里？

Mǎkè 马克：去"妈妈厨房"。怎么样？那里的 中餐 很 好吃。

Yǒngmín 永民：好，没问题。

5 Listen again and answer the questions.

1 王玉的生日是几号？
   Wáng Yù de shēngrì shì jǐ hào

2 王玉的生日是星期几？
   Wáng Yù de shēngrì shì xīngqī jǐ

3 今天几号？星期几？
   Jīntiān jǐ hào Xīngqī jǐ

4 他们去哪里吃中餐？
   Tāmen qù nǎli chī Zhōngcān

6 Work in pairs. Act out the conversation in Activity 4 using your friends' birthdays.

Pronunciation and speaking

The initials: "j" "q" "x"

1 Listen and say the words.

1	jiějie 姐姐	jīntiān 今天	fángjiān 房间
2	qǐngwèn 请问	niánqīng 年轻	lánqiú 篮球
3	gāoxìng 高兴	míngxīng 明星	xuésheng 学生

2 Listen and check the correct pinyin.

1 Jīntiān shì èrshíqī hào.
  今天 是 二十七 号。
  □ èrshíqī □ èrshíjī □ èrshíxī

2 Tā hěn xiónɡmāo.
  她 很 喜欢 熊猫。
  □ qǐhuan □ jǐhuan □ xǐhuan

3 Jiějie zài gōngzuò.
  姐姐 在 北京 工作。
  □ Běiqīng □ Běijīng □ Běixīng

3 Say the sentences aloud.

1 Wǒ xìng Qí, jiào Qí Jīn.
  我 姓 齐，叫 齐 金。

2 Jīntiān shì Qīyuè jiǔ hào, Xīngqīyī.
  今天 是 七月 九 号，星期一。

3 Wǒ xiǎng qǐng jiějie chī xīcān.
  我 想 请 姐姐 吃 西餐。

Now listen and repeat.

Jiǔyuè 九月

Xīngqīrì 星期日	Xīngqīyī 星期一	Xīngqī'èr 星期二	Xīngqīsān 星期三	Xīngqīsì 星期四	Xīngqīwǔ 星期五	Xīngqīliù 星期六
				1	2	3
4	5	6	7	8	9	10
11	12	13	14	15	16	17
18	19	20	21	22	23	24
25	26	27	28	29	30	

4 Work in pairs. Use the calendar at the bottom of the left column to say the dates and days.

Student A: Choose five dates from the calendar and say them aloud.

Student B: Listen to the five dates and say the corresponding days.

A: Jiǔyuè bā hào 九月 八 号   B: Xīngqīsì 星期四

Now change roles.

5 Work in pairs. Ask about the birthdays of each other's family members or friends.

Nǐ bàba de shēngrì shì jǐ yuè jǐ hào
你 爸爸 的 生日 是 几 月 几 号？

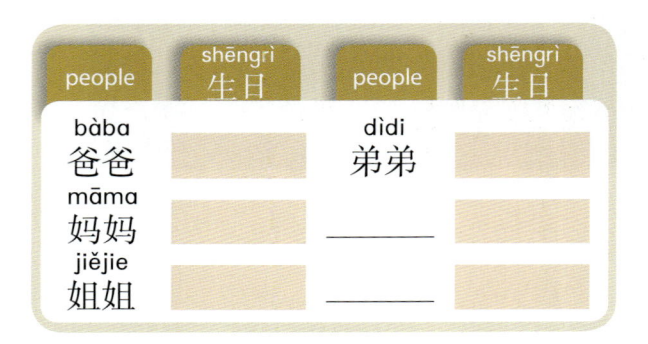

people	shēngrì 生日	people	shēngrì 生日
bàba 爸爸		dìdi 弟弟	
māma 妈妈		———	
jiějie 姐姐		———	

CHINESE TO GO

Making and accepting invitations

Jīntiān shì wǒ de shēngrì
今天 是 我 的 生日。   Today is my birthday.

Shēngrì kuàilè
生日 快乐！   Happy birthday!

Wǎnshang wǒ qǐng nǐ chī Zhōngcān zěnmeyàng
晚上 我 请 你 吃 中餐，怎么样？
How about I invite you for a Chinese meal this evening?

Tài hǎo le Xièxie nǐ
太 好 了！谢谢 你。   That's great! Thank you.

Bù kèqi
不 客气。   You're welcome.

LESSON | 2

Reading and writing

1 Match the pictures with the words.

a   shàngbān
1   上班

b   jiànmiàn
2   见面

c   pàiduì
3   派对

d   kàn shū
4   看书

生词 New words

Liùyuè 六月	June	dǎ 打	play (ball game with hands)
rì 日	date (written)	gēn 跟	with
Xīngqīrì 星期日	Sunday	jiànmiàn 见面	meet up
Xīngqīyī 星期一	Monday	kàn 看	read, see
Xīngqī'èr 星期二	Tuesday	shū 书	book
Xīngqīsān 星期三	Wednesday	shàngbān 上班	go to work
Xīngqīsì 星期四	Thursday	xué 学	study, learn
Xīngqīwǔ 星期五	Friday	pàiduì 派对	party
Xīngqīliù 星期六	Saturday		

2 Read Anna's weekly planner and answer the questions.

1 Ānnà Xīngqījǐ shàngbān?
  安娜 星期几 上班？

2 Ānnà Xīngqījǐ gēn Mǎkè qù chī Zhōngcān?
  安娜 星期几 跟 马克 去 吃 中餐？

3 Ānnà Xīngqījǐ gēn lǎoshī jiànmiàn?
  安娜 星期几 跟 老师 见面？

4 Shǐdìfū Xīngqījǐ shēngrì?
  史蒂夫 星期几 生日？

Liùyuè sān rì — jiǔ rì
六月 三日 — 九日

	Xīngqīrì 星期日	Xīngqīyī 星期一	Xīngqī'èr 星期二	Xīngqīsān 星期三	Xīngqīsì 星期四	Xīngqīwǔ 星期五	Xīngqīliù 星期六
9:00 — 12:00	dǎ lánqiú 打篮球	kàn shū 看书		qù yīyuàn 去 医院	gēn lǎoshī 跟老师 jiànmiàn 见面		gēn Mǎkè 跟马克 jiànmiàn 见面
12:00 — 3:00			xué 学 Zhōngwén 中文			xué 学 Zhōngwén 中文	
3:00 — 6:00			shàngbān 上班		kàn shū 看书	shàngbān 上班	qù Wáng Yù 去王玉 de xīn jiā 的 新 家
6:00 — 9:00	gēn Wáng Yù 跟王玉 de gēge 的 哥哥 jiànmiàn 见面		gēn Mǎkè 跟马克 qù chī 去吃 Zhōngcān 中餐				Shǐdìfū 史蒂夫 de shēngrì 的生日 pàiduì 派对

3 Write your own weekly planner. Use the words below to help you.

zuò qǐng chī kàn qù xué dǎ
做、请、吃、看、去、学、打

Xīngqīrì	Xīngqīyī	Xīngqī'èr	Xīngqīsān	Xīngqīsì	Xīngqīwǔ	Xīngqīliù
星期日	星期一	星期二	星期三	星期四	星期五	星期六

Now work in pairs. Ask and say what you are going to do and when.

Nǐ Xīngqīyī zuò shénme
A: 你 星期一 做 什么？

Wǒ Xīngqīyī qù yīyuàn
B: 我 星期一 去 医院。

Language in use

Months and dates

1 Look at the months and dates.

Month		Day			
Number	月	Number	十	Number	号	
yī 一	yuè 月			jiǔ 九	hào 号	9 January
èr 二	yuè 月		shí 十	sì 四	hào 号	14 February
wǔ 五	yuè 月	èr 二	shí 十	sān 三	hào 号	23 May
liù 六	yuè 月	sān 三	shí 十		hào 号	30 June

Now check the two correct explanations.

☐ 1 Chinese months and dates are all different, sharing no common characters.

☐ 2 Chinese months are formed by adding the character for "month" after the characters for 1 to 12.

☐ 3 Chinese dates are formed by adding the character for "date" after the characters for 1 to 31.

☐ 4 In Chinese, the days come before the months.

2 Write the dates in Chinese.

1 4 March
2 6 April
3 22 August
4 1 October
5 7 November
6 31 December

▶ Turn to page 166 for more information.

Sentences without verbs

1 Look at the sentences.

Subject	Predicate
Jīntiān 今天	Xīngqīliù 星期六。
Today is Saturday.	
Mǎkè 马克	shíjiǔ suì 十九 岁。
Mark is 19 years old.	
Wǒ 我	hěn gāoxìng 很 高兴。
I'm very happy.	

Now check the two correct explanations.

☐ 1 In the sentences above, all the predicates are nouns, or noun/adjective phrases.

☐ 2 Chinese sentences must always have a verb.

☐ 3 Verbs are not necessary for sentences stating age, dates, days of the week and time, etc.

2 Put the words in the correct order to make sentences.

1 Xīngqīsì jīntiān
  星期四 / 今天 /。

2 Shí'èryuè èrshíwǔ hào jīntiān
  十二月 / 二十五 号 / 今天 /。

3 èrshí suì Wáng Yù
  二十岁 / 王 玉 /。

▶ Turn to page 166 for grammar reference.

Making invitations using qǐng 请

1 Underline the two verbs in each sentence.

1 Wǒmen qǐng tā chī Zhōngcān
  我们 请 她 吃 中餐。

2 Mǎkè qǐng wǒ qù tā jiā
  马克 请 我 去 他家。

3 Shǐdìfū qǐng Ānnà qù tā de shēngrì pàiduì
  史蒂夫 请 安娜 去 他的 生日 派对。

Now complete the table with the appropriate parts of the sentences.

	Person making invitation	Person receiving invitation	Event/Activity
1		qǐng 请	
2			
3			

2 Write the sentences in Chinese.

1 I invited her to have a meal.
2 Yeong-min invited us to his home.
3 Steve invited Wang Yu to his birthday party.

▶ Turn to page 167 for grammar reference.

Lesson 2 Unit 6 77

LESSON | 3

Communication activity

1 **Work in two groups.**

Group A: Find out about the dates of holidays in mainland China.

Group B: Find out about the dates of holidays in Hong Kong.

Use the following words to help you.

Yuándàn 元旦	New Year's Day	Zhōngqiūjié 中秋节	Mid-Autumn Festival
Chūnjié 春节	Spring Festival	Chóngyángjié 重阳节	Double Ninth Festival
Qīngmíngjié 清明节	Tomb Sweeping Festival	Fódànrì 佛诞日	Buddha's Birthday
Láodòngjié 劳动节	Labour Day	Shèngdànjié 圣诞节	Christmas
Duānwǔjié 端午节	Dragon Boat Festival	Fùhuójié 复活节	Easter
Guóqìngjié 国庆节	National Day		

2 **Tell the other group about the dates of holidays from your research and make notes.**

> Turn to pages 152 and 158 for more speaking practice.

Cultural Corner

Lucky numbers in China

In Chinese culture, certain numbers are considered lucky (吉利) or unlucky (不吉利), based on the Chinese words which the pronunciations are similar to. For example, the number 9 (九) sounds like the word "long-lasting" (久), and is therefore considered a lucky number. The number 4 (四), on the contrary is considered an unlucky number because it sounds like the word "death" (死). In Chinese culture, the use of lucky numbers can be found everywhere: monetary gifts, phone numbers, street addresses, residence floors, vehicle licence plate numbers, and so on. The number 8 is the most frequently used lucky number, as it sounds similar to a word meaning "prosperity" or "wealth" (发).

Zhōngguó dàlù 中国 大陆 mainland China

jiérì 节日 Holidays	rìqī 日期 Dates
1	
2	
3	

Xiānggǎng 香港 Hong Kong

jiérì 节日 Holidays	rìqī 日期 Dates
1	
2	
3	

Character writing

These are two common radicals in Chinese. Do you know any other characters with the same radicals?

Radicals	Meaning	Examples
月	moon	月, 期
扌	hand	打, 握

1 Look at the characters and identify the radicals.

朋　找　护　服

2 Match the words with the meanings.

xīngqī
1 星期　　　　a nurse

yuè
2 月　　　　　b make a phone call

dǎ diànhuà
3 打 电话　　　c week

hùshi
4 护士　　　　d month

3 Write the characters in the boxes.

月 丿 月 月 月

期 一 十 艹 甘 甘 其 其 期 期 期 期

打 一 亻 扌 扌 打

护 一 亻 扌 扌 扌 护 护

Review and practice

1 Circle the odd word out.

	shēngrì	jiǔ hào	jīntiān	Xīngqīrì
1	生日	九号	今天	星期日
	rì	yuè	xīngqī	hàomǎ
2	日	月	星期	号码
	chī	qù	kàn	jǐ
3	吃	去	看	几
	pàiduì	yīyuàn	dàxué	jiā
4	派对	医院	大学	家

2 Match the words with the days in English.

Xīngqīliù
1 星期六　　　a Thursday

Xīngqīrì
2 星期日　　　b Friday

Xīngqī èr
3 星期二　　　c Sunday

Xīngqīwǔ
4 星期五　　　d Tuesday

Xīngqīsì
5 星期四　　　e Saturday

3 Complete the sentences with the words in the box.

Xīngqīrì	jīntiān	chī	qù
星期日	今天	吃	去

Qīyuè shí hào
1 _____ 七月 十号。

Jīntiān Shíyīyuè èr rì
2 今天 十一月 二日，_____。

Lǎoshī qǐng wǒ　　　tā jiā
3 老师 请 我 _____ 她家。

Ānnà qǐng Shǐdìfū hé Mǎkè　　　Zhōngcān
4 安娜 请 史蒂夫 和 马克 _____ 中餐。

4 Look at the pictures and write full sentences to describe the dates and days.

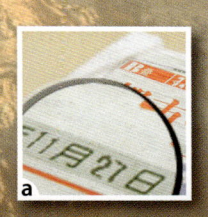

a　b　c

Lesson 3　Unit 6　79

Vocabulary extension

Look at the ways to say days and dates.

qùnián	jīnnián	míngnián
去年	今年	明年
zuótiān	jīntiān	míngtiān
昨天	今天	明天
shàngge yuè	zhège yuè	xiàge yuè
上个 月	这个 月	下个 月
shàngge xīngqī	zhège xīngqī	xiàge xīngqī
上个 星期	这个 星期	下个 星期

Now complete the sentences.

1　_____ wǒ jiǔ suì, jīnnián wǒ shí suì,
　　_____ 我 九 岁, 今年 我 十 岁,
　　wǒ shíyī suì
　　_____ 我 十一 岁。

2　Zuótiān Xīngqīliù, _____ Xīngqīrì,
　　昨天 星期六, _____ 星期日,
　　Xīngqīyī
　　_____ 星期一。

3　Shàngge yuè shì Liùyuè, _____ shì Qīyuè,
　　上个 月 是 六月, _____ 是 七月,
　　shì Bāyuè
　　_____ 是 八月。

Vocabulary list

二月	Èryuè	n.	February
月	yuè	n.	month
生日	shēngrì	n.	birthday
真的	zhēn de		really
今天	jīntiān	n.	today
几	jǐ	pron.	how many
星期天	Xīngqītiān	n.	Sunday (spoken)
星期	xīngqī	n.	week
我们	wǒmen	pron.	we, us
吃饭	chīfàn	v.	have a meal
吃	chī	v.	eat
去	qù	v.	go
厨房	chúfáng	n.	kitchen
怎么样	zěnmeyàng	pron.	how about
那里	nàli	pron.	there
中餐	Zhōngcān	n.	Chinese food
餐	cān	n.	cuisine, meal
好吃	hǎochī	adj.	tasty
没问题	méi wèntí		no problem
六月	Liùyuè	n.	June
日	rì	n.	date (written)
星期日	Xīngqīrì	n.	Sunday (written)
星期一	Xīngqīyī	n.	Monday
星期二	Xīngqī'èr	n.	Tuesday
星期三	Xīngqīsān	n.	Wednesday
星期四	Xīngqīsì	n.	Thursday
星期五	Xīngqīwǔ	n.	Friday
星期六	Xīngqīliù	n.	Saturday
打	dǎ	v.	play (ball game with hands)
跟	gēn	prep.	with
见面	jiànmiàn	v.	meet up
看	kàn	v.	read, see
书	shū	n.	book
上班	shàngbān	v.	go to work
学	xué	v.	study, learn
派对	pàiduì	n.	party
一月	Yīyuè	n.	January
五月	Wǔyuè	n.	May
七月	Qīyuè	n.	July
九月	Jiǔyuè	n.	September
去年	qùnián	n.	last year
今年	jīnnián	n.	this year
明年	míngnián	n.	next year
昨天	zuótiān	n.	yesterday
明天	míngtiān	n.	tomorrow
上个	shàngge		last
这个	zhège	pron.	this
下个	xiàge		next

UNIT 7

Bā diǎn jiàn
八点见!

See you at eight!

LESSON | 1

Vocabulary and listening

1 Match the watches with the times.

a   b   c   d

bā diǎn　　sì diǎn　　shíyī diǎn　　liù diǎn
1 八点　**2** 四点　**3** 十一点　**4** 六点

Now listen and say the times.

2 Number the times in the order you hear them.

10:30　　7:15
shí diǎn bàn　　qī diǎn shíwǔ fēn
☐ **a** 十点半　　☐ **b** 七点十五分

3:15　　12:45
sān diǎn yī kè　　shí'èr diǎn sìshíwǔ fēn
☐ **c** 三点一刻　　☐ **d** 十二点四十五分

3 Write the times in numbers or characters.

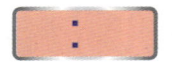

:　　:
jiǔ diǎn èrshíwǔ fēn　　qī diǎn wǔshíjiǔ fēn
a 九点二十五分　　**b** 七点五十九分

1:15　　11:30

c _____　　**d** _____

4 Listen to the conversation.
Steve and Wang Yu are making plans for the weekend.

Shǐdìfū　　Wáng Yù, zhège zhōumò nǐ yǒu
史蒂夫：王玉，这个周末你有
shíjiān ma
时间吗？

Wáng Yù　　Xīngqītiān wǒ yào qù kàn yéye
王玉：星期天我要去看爷爷。

Shǐdìfū　　Xīngqīliù nǐ yǒu shénme jìhuà
史蒂夫：星期六你有什么计划？

Wáng Yù　　Méi yǒu
王玉：没有。

Shǐdìfū　　Wǒmen yīqǐ qù kàn diànyǐng
史蒂夫：我们一起去看电影，
hǎo ma
好吗？

Wáng Yù　　Kàn shénme diànyǐng
王玉：看什么电影？

史蒂夫：中国电影。电影的名字叫《家》。

王玉：好。几点？

史蒂夫：电影八点半开始，我们八点在电影院门口见，怎么样？

王玉：太好了。我请我的朋友一起去，可以吗？

史蒂夫：没问题。明天晚上八点见！

生词 New words

这个 zhège	this	点 diǎn	o'clock
周末 zhōumò	weekend	半 bàn	half (of an hour)
有 yǒu	have	开始 kāishǐ	start
时间 shíjiān	time	电影院 diànyǐngyuàn	cinema
要 yào	want	门口 ménkǒu	entrance, doorway
爷爷 yéye	grandfather	见 jiàn	see, meet
计划 jìhuà	plan	太 tài	very, too
没有 méiyǒu	not have	了 le	particle
一起 yīqǐ	together	朋友 péngyou	friend
电影 diànyǐng	movie, film	明天 míngtiān	tomorrow
几点 jǐ diǎn	what time	晚上 wǎnshang	evening

5 Listen again and answer the questions.

1 王玉星期六做什么？
   Wáng Yù Xīngqīliù zuò shénme

2 王玉哪天去看爷爷？
   Wáng Yù nǎ tiān qù kàn yéye

3 史蒂夫和王玉看什么电影？
   Shǐdìfū hé Wáng Yù kàn shénme diànyǐng

4 史蒂夫和王玉在哪里见面？
   Shǐdìfū hé Wáng Yù zài nǎli jiànmiàn

6 Work in pairs. Act out the conversation in Activity 4 using the days and times below.

星期一 Xīngqīyī 10:15   星期四 Xīngqīsì 8:15

星期三 Xīngqīsān 8:30   星期五 Xīngqīwǔ 9:30

Lesson 1 Unit 7 83

Pronunciation and speaking

Difference between "u" and "ü"

1 Listen and check the sounds you hear.

		u	ü
1	去	a ☐	b ☐
2	女	a ☐	b ☐
3	不	a ☐	b ☐
4	住	a ☐	b ☐
5	语	a ☐	b ☐
6	书	a ☐	b ☐

Now listen again and mark the tones for the words.

2 Read the sentences aloud.

1 Wǒ gēn Wáng Yù xué Yīngyǔ
  我 跟 王 玉 学 英语。

2 Yú lǎoshī qù túshūguǎn jiè shū
  于 老师 去 图书馆 借 书。

Now listen and repeat.

3 Listen and say the words.

1 jǐ diǎn   jīntiān   míngtiān
  几点   今天   明天

2 yīqǐ   kěyǐ   zěnmeyàng
  一起   可以   怎么样

3 diànyǐng péngyou   ménkǒu
  电影   朋友   门口

4 Work in pairs. Put the sentences in the correct order to make a conversation.

☐ a Méi wèntí zài nǎli jiàn
     没问题，在 哪里 见?

☐ b Duìbuqǐ jīntiān wǎnshang wǒ yào gōngzuò
     对不起，今天 晚上 我 要 工作。

☐ c Míngtiān jiàn
     明天 见!

☐ d Kěyǐ   Jǐ diǎn
     可以！几 点?

☐ e Jīntiān wǎnshang wǒmen yīqǐ qù kàn diànyǐng zěnmeyàng
     今天 晚上 我们 一起 去 看 电影，怎么样?

☐ f Míngtiān wǎnshang ne
     明天 晚上 呢?

☐ g Diànyǐngyuàn ménkǒu
     电影院 门口。

☐ h Bā diǎn zěnmeyàng
     八点 怎么样?

☐ i Hǎo Míngtiān wǎnshang bā diǎn jiàn
     好！明天 晚上 八 点 见!

Now act out the conversation.

5 Work in pairs. Make plans to see a movie.

Golden Cinema

FILM: One Day in New York
PRICE: ¥60 (Adult)
DATE   TIME   SEAT
6 Aug 8:30 pm   K04

Student A: Invite Student B to the cinema.

Student B: Say you are busy. Suggest another day and time.

Student A: Agree to Student B's suggestions. Suggest somewhere to meet him/her before the movie.

CHINESE TO GO
Confirming appointments

Míngtiān wǎnshang bā diǎn jiàn
明天 晚上 八 点 见!
See you at eight tomorrow evening.

Yīyán-wéidìng
一言为定。   That's settled.

Bùjiàn-bùsàn
不见不散！   Be there or be square!

84 ❖ Unit 7   Lesson 1

LESSON | 2

Reading and writing

1 Match the pictures with the words.

a b c d

1 跑步 pǎobù 2 唱歌 chànggē 3 吃饭 chīfàn 4 学英语 xué Yīngyǔ

生词 New words

shì 事	thing, matter	chànggē 唱歌	sing a song
shàngwǔ 上午	morning	nǎinai 奶奶	grandmother
fēn 分	minute	dào 到	get to (a place), arrive
kè 刻	quarter (of an hour)	yùndòng 运动	sports
Yīngyǔ 英语	English	wǎnfàn 晚饭	dinner
zhōngwǔ 中午	noon	yīnyuè 音乐	music
cài 菜	food, dish	tīng 听	listen
xiàwǔ 下午	afternoon	yīnyuèhuì 音乐会	concert
pǎobù 跑步	jog	shēngrìkǎ 生日卡	birthday card
xiě 写	write	bókè 博客	blog
diànzǐ yóujiàn 电子邮件	email		

2 Read Wang Yu's weekend planner.

周末计划簿 zhōu mò jìhuà bù — Weekend Planner

星期六 Xīngqīliù

要做的事 yào zuò de shì	
上午 shàngwǔ 8:45	学英语 xué Yīngyǔ
中午 zhōngwǔ 12:30	跟朋友吃日本菜 gēn péngyou chī Rìběncài
下午 xiàwǔ 3:15	跟哥哥跑步 gēn gēge pǎobù
晚上 wǎnshang 8:00	跟史蒂夫看电影, 在电影院门口见 gēn Shǐdìfū kàn diànyǐng, zài diànyǐngyuàn ménkǒu jiàn
备忘录 bèiwànglù	给马克写电子邮件 gěi Mǎkè xiě diànzǐ yóujiàn

星期日 Xīngqīrì

要做的事 yào zuò de shì	
上午 shàngwǔ 10:15	学唱歌 xué chànggē
中午 zhōngwǔ 12:00	看爷爷奶奶 kàn yéye nǎinai
下午 xiàwǔ 4:45	到大学做运动 dào dàxué zuò yùndòng
晚上 wǎnshang 6:00	在家吃晚饭 zài jiā chī wǎnfàn
8:00	学英语 xué Yīngyǔ
备忘录 bèiwànglù	请音乐老师去听音乐会; 给马克写生日卡; 写博客 qǐng yīnyuè lǎoshī qù tīng yīnyuèhuì; gěi Mǎkè xiě shēngrìkǎ; xiě bókè

Lesson 2　Unit 7　85

3 Answer the questions.

　　Wáng Yù Xīngqīliù shàngwǔ zuò shénme
1 王 玉 星期六 上午 做 什么？

　　Wáng Yù Xīngqīliù wǎnshang qù nǎli
2 王 玉 星期六 晚上 去 哪里？

　　Wáng Yù Xīngqītiān xiàwǔ zuò shénme
3 王 玉 星期天 下午 做 什么？

　　Wáng Yù zài nǎli zuò yùndòng
4 王 玉 在 哪里 做 运动？

　　Wáng Yù nǎ tiān xiě bókè
5 王 玉 哪 天 写 博客？

4 Write a weekend planner for yourself.

5 Work in pairs. Ask and answer questions about your weekend schedules in Activity 4.

　Nǐ Xīngqīliù yǒu shénme jìhuà
　你 星期六 有 什么 计划？

　Nǐ zhōumò qù kàn diànyǐng ma
　你 周末 去 看 电影 吗？

　Zhège Xīngqītiān nǐ yào qù nǎli
　这个 星期天 你 要 去 哪里？

Language in use

Adverbial expressions of time

1 Look at the sentences.

| Xīngqīliù 星期六 | wǒ 我 | bù gōngzuò 不 工作。 |
| Wǒ 我 | Xīngqīliù 星期六 | bù gōngzuò 不 工作。 |

I don't work on Saturdays.

| Míngtiān 明天 | Ānnà hé wǒ 安娜 和 我 | qù kàn diànyǐng 去 看 电影。 |
| Ānnà hé wǒ 安娜 和 我 | míngtiān 明天 | qù kàn diànyǐng 去 看 电影。 |

Tomorrow, Anna and I will go to see a movie.

| Jīntiān wǎnshang 今天 晚上 | wǒ 我 | xué Yīngyǔ 学 英语。 |
| Wǒ 我 | jīntiān wǎnshang 今天 晚上 | xué Yīngyǔ 学 英语。 |

I will study English tonight.

Now check the two correct explanations.

Adverbial expressions of time …

☐ 1 can go before or after the subject.

☐ 2 can go at the end of the sentence.

☐ 3 do not need prepositions.

2 Put the words in brackets in the correct places in the sentences.

　　Wáng Yù qù chī Zhōngcān　　míngtiān
1 王 玉 去 吃 中餐 。(明天)

　　Ānnà hé wǒ yìqǐ qù kàn diànyǐng
2 安娜 和 我 一起 去 看 电影。
　　Xīngqīliù wǎnshang
　　(星期六 晚上)

　　Wǒ qù tīng yīnyuèhuì　　míngtiān xiàwǔ sì diǎn
3 我 去 听 音乐会。(明天 下午 四点)

▶ Turn to page 167 for grammar reference.

Different ways of telling the time

1 Look at the different ways of telling the time.

8:00	8:10
bā diǎn 八点	bā diǎn shí fēn 八点 十分
8:15	**8:30**
bā diǎn shíwǔ fēn 八点 十五分	bā diǎn sānshí fēn 八点 三十分
bā diǎn yī kè 八点 一刻	bā diǎn bàn 八点 半
	8:45
bā diǎn sìshíwǔ fēn 八点 四十五分	bā diǎn sān kè 八点 三刻
8:50	**9:00**
bā diǎn wǔshí fēn 八点 五十分	jiǔ diǎn 九点

Now write two ways of telling each of these times.

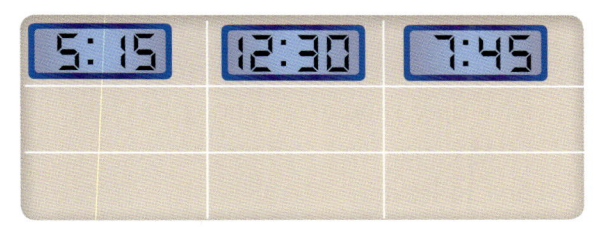

5:15   12:30   7:45

2 Work in pairs. Use the appointment cards to act out the conversation.

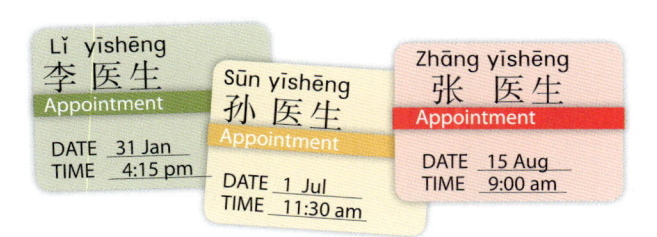

Lǐ yīshēng
李 医生
Appointment
DATE __31 Jan__
TIME __4:15 pm__

Sūn yīshēng
孙 医生
Appointment
DATE __1 Jul__
TIME __11:30 am__

Zhāng yīshēng
张 医生
Appointment
DATE __15 Aug__
TIME __9:00 am__

Nǐ jǐ yuè jǐ hào qù kàn yīshēng
你几月几号去看医生？

Jǐ diǎn
几点？

▶ Turn to page 167 for grammar reference.

Expressing future tense using the auxiliary verb 要 yào

1 Look at the sentences.

Adverbial (Time)	Subject	Adverbial (Time)	Predicate		
			Auxiliary verb	Verb	Object
Jīntiān 今天	wǒ 我		yào 要	qù 去	yīyuàn 医院。
	Wǒ 我	Xīngqīsān 星期三	yào 要	xué 学	chànggē 唱歌。
Míngtiān 明天	bàba 爸爸		yào 要	qù 去	Běijīng 北京。
	Māma 妈妈	wǎnshang 晚上	yào 要	gōngzuò 工作。	

Now check the two correct explanations.

☐ 1 要 in these sentences means "want to" or "be going to".
☐ 2 要 is used before another verb.
☐ 3 要 indicates an action in the past.

2 Put the words in the correct order to make sentences.

kàn diànyǐng   jiějie   míngtiān   yào
1 看 电影 / 姐姐 / 明天 / 要。

wǒ   Xīngqīliù   qù Shànghǎi   yào
2 我 / 星期六 / 去 上海 / 要。

jīntiān wǎnshang   xué Zhōngwén   Mǎkè   yào
3 今天 晚上 / 学 中文 / 马克 / 要。

▶ Turn to page 167 for grammar reference.

LESSON | 3

Communication activity

1 **Work in groups.**
You work in different regional offices of a marketing agency. You need to schedule a one-hour teleconference call with your colleagues, who all work in the same time zone as you.

First make a weekly schedule.

Xīngqīrì 星期日	Xīngqīyī 星期一	Xīngqī' èr 星期二	Xīngqīsān 星期三	Xīngqīsì 星期四	Xīngqīwǔ 星期五	Xīngqīliù 星期六
		1	2	3	4	
5	6	7	8	9	10	11

Now talk to each other and find a time that works for all of you. You need to:

- suggest times when you are available.
- give reasons if the time is not good for you.

A: 这个 星期 _____ 你 有 时间 吗?
    Zhège Xīngqī _____ nǐ yǒu shíjiān ma

B: 星期 _____ 我 要 _____。
    Xīngqī _____ wǒ yào _____

A: 星期 _____ 呢?
    Xīngqī _____ ne

B: 可以。几点?
    Kěyǐ. Jǐ diǎn?

A: _____ 点 怎么样?
    _____ diǎn zěnmeyàng?

B: 没 问题。
    Méi wèntí

2 **Work with another group. Discuss and find a time that works for all of you.**

Cultural Corner

Too late or too early?

The Chinese concept of time tends to be flexible. Chinese people do not adhere to timetables in a strict, sequential manner. Being on time is not very important and being late is not usually punished.

If someone of a very high position or rank is to attend a party, an unspoken rule of Chinese culture says they should be among the last to arrive as well as being among the first to leave.

▶ Turn to pages 153 and 159 for more speaking practice.

Character writing

These are two common radicals in Chinese. Do you know any other characters with the same radicals?

Radicals	Meaning	Examples
门	gate	门，问
足	foot	跑，跟

1 Look at the characters and identify the radicals.

闲　路　闭　跳

2 Match the words with the meanings.

1 问题 (wèntí) — a jog
2 房间 (fángjiān) — b with
3 跟 (gēn) — c room
4 跑步 (pǎobù) — d question

3 Trace the characters in the boxes.

问
间
跟
跑

Review and practice

1 Circle the odd word out.

1 中午 (zhōngwǔ)　计划 (jìhuà)　晚上 (wǎnshang)
2 吃饭 (chīfàn)　跑步 (pǎobù)　打篮球 (dǎ lánqiú)
3 看 (kàn)　饭 (fàn)　听 (tīng)
4 看电影 (kàn diànyǐng)　听音乐 (tīng yīnyuè)　开始 (kāishǐ)

2 Put the words in the correct order to make sentences.

1 我 / 吃 / 中餐 / 一起 / 跟 / 王玉 / 。
   (wǒ chī Zhōngcān yīqǐ gēn Wáng Yù)
2 几点 / 你 / 学唱歌 / 要 / 明天 / ?
   (jǐdiǎn nǐ xué chànggē yào míngtiān)
3 去 / 我 / 跑步 / 八点 / 。
   (qù wǒ pǎobù bā diǎn)
4 我 / 晚上 / 听音乐会 / 去 / 。
   (wǒ wǎnshang tīng yīnyuèhuì qù)

3 Write the times in characters.

1　3:30　　3　15:45　　5　23:50
2　7:55　　4　19:48　　6　13:00

4 Complete the conversation with the words in the box.

八点半 (bā diǎn bàn)　几点 (jǐ diǎn)
看电影 (kàn diànyǐng)　跟 (gēn)

A: 明天你要做什么? (Míngtiān nǐ yào zuò shénme)
B: 我 _____ 妈妈去听音乐会。你呢? (Wǒ ___ māma qù tīng yīnyuèhuì. Nǐ ne)
A: 我跟史蒂夫去 _____ 。 (Wǒ gēn Shǐdìfū qù ___)
B: 你们明天 _____ 见? (Nǐmen míngtiān ___ jiàn)
A: 晚上 _____ 。 (Wǎnshang ___)

Now work in pairs. Act out the conversation.

Vocabulary extension

Look at the activities.

yóuyǒng
游泳

mǎi dōngxi
买 东西

kàn diànshì
看 电视

kàn bǐsài
看 比赛

Now work in pairs. Ask about and say the activities you like and what time you usually do them.

A: Wǒ xǐhuan yóuyǒng
我 喜欢 游泳。
Wǒ zǎoshang qī diǎn yóuyǒng
我 早上 七 点 游泳。
Nǐ ne
你 呢？

B: Wǒ xǐhuan
我 喜欢……

Vocabulary list

这个	zhège	pron.	this
周末	zhōumò	n.	weekend
有	yǒu	v.	have
时间	shíjiān	n.	time
要	yào	v.	want
爷爷	yéye	n.	grandfather
计划	jìhuà	n.	plan
没有	méiyǒu	v.	not have
一起	yīqǐ	adv.	together
电影	diànyǐng	n.	movie, film
几点	jǐ diǎn		what time
点	diǎn	n.	o'clock
半	bàn	num.	half (of an hour)
开始	kāishǐ	v.	start
电影院	diànyǐngyuàn	n.	cinema
门口	ménkǒu	n.	entrance, doorway
见	jiàn	v.	see, meet
太	tài	adv.	very, too
了	le	particle	
朋友	péngyou	n.	friend
明天	míngtiān	n.	tomorrow
晚上	wǎnshang	n.	evening
事	shì	n.	thing, matter
上午	shàngwǔ	n.	morning

分	fēn	n.	minute
刻	kè	n.	quarter (of an hour)
英语	Yīngyǔ	n.	English
中午	zhōngwǔ	n.	noon
菜	cài	n.	food, dish
下午	xiàwǔ	n.	afternoon
跑步	pǎobù	v.	jog
写	xiě	v.	write
电子邮件	diànzǐ yóujiàn	n.	email
唱歌	chànggē	v.	sing a song
奶奶	nǎinai	n.	grandmother
到	dào	v.	get to (a place), arrive
运动	yùndòng	n.	sports
晚饭	wǎnfàn	n.	dinner
音乐	yīnyuè	n.	music
听	tīng	v.	listen
音乐会	yīnyuèhuì	n.	concert
生日卡	shēngrìkǎ	n.	birthday card
博客	bókè	n.	blog
游泳	yóuyǒng	v.	swim
买	mǎi	v.	buy
东西	dōngxi	n.	thing
电视	diànshì	n.	television
比赛	bǐsài	n.	competition, match

UNIT 8

Duōshao qián
多少 钱?

How much is it?

LESSON | 1

Vocabulary and listening

1 Number the colours in the order you hear them.

- a 黑色 hēisè
- b 绿色 lǜsè
- c 红色 hóngsè
- d 黄色 huángsè  
- e 白色 báisè
- f 蓝色 lánsè

Now listen again and say the colours.

2 Number the clothes items in the order you hear them.

- a 鞋 xié
- d 毛衣 máoyī 
- b T恤 tīxù 
- e 裤子 kùzi 
- c 裙子 qúnzi 
- f 大衣 dàyī 

Now listen again and say the clothes items.

3 Listen to the conversation.
Anna and Wang Yu are buying some clothes at a market.

Shòuhuòyuán 售货员：	Qǐngwèn nǐ yào mǎi shénme yīfu 请问你要买什么衣服？
Ānnà 安娜：	Wǒ yào mǎi yī tiáo qúnzi 我要买一条裙子。
Shòuhuòyuán 售货员：	Qǐng lái zhèbian 请来这边…… Zhè tiáo zěnmeyàng 这条怎么样？
Ānnà 安娜：	Tài hóng le 太红了！
Shòuhuòyuán 售货员：	Zhè tiáo kěyǐ ma 这条可以吗？
Ānnà 安娜：	Wǒ bù xǐhuan lánsè 我不喜欢蓝色。 Yǒu méiyǒu hēisè de 有没有黑色的？
Shòuhuòyuán 售货员：	Zhè tiáo hēisè de 这条黑色的 zěnmeyàng 怎么样？

92 Unit 8 Lesson 1

4 Listen again and check the true statements.

☐ 1 安娜要买红色的裙子。
　　Ānnà yào mǎi hóngsè de qúnzi

☐ 2 安娜喜欢蓝色。
　　Ānnà xǐhuan lánsè

☐ 3 安娜买了一条黑色的裙子。
　　Ānnà mǎile yī tiáo hēisè de qúnzi

☐ 4 裙子的价钱是七十九块。
　　Qúnzi de jiàqian shì qīshíjiǔ kuài

☐ 5 裙子的价钱不贵。
　　Qúnzi de jiàqian bù guì

5 Work in pairs. Act out the conversation in Activity 3. Use different colours, clothes items and prices.

安娜： 不太好看！
Ānnà　 Bù tài hǎokàn

售货员： 试试这条。
Shòuhuòyuán Shìshi zhè tiáo

安娜： 这条不错。多少钱？
Ānnà　 Zhè tiáo bùcuò Duōshao qián

售货员： 二百七十九块。
Shòuhuòyuán Èr bǎi qīshíjiǔ kuài

安娜： 便宜一点儿可以吗？
Ānnà　 Piányi yìdiǎnr kěyǐ ma

售货员： 对不起，这个价钱是最便宜的。
Shòuhuòyuán Duìbuqǐ zhège jiàqian shì zuì piányi de

安娜： 王玉，这个价钱贵吗？
Ānnà　 Wáng Yù zhège jiàqian guì ma

王玉： 不贵。买这条吧。
Wáng Yù Bù guì Mǎi zhè tiáo ba

安娜： 好，给你钱。
Ānnà　 Hǎo gěi nǐ qián

售货员： 谢谢。
Shòuhuòyuán Xièxie

生词　New words

售货员 shòuhuòyuán	shop assistant	试 shì	try
买 mǎi	buy	不错 bùcuò	not bad
衣服 yīfu	clothes	钱 qián	money
条 tiáo	measure word	百 bǎi	hundred
裙子 qúnzi	skirt	块 kuài	currency unit of China (yuan)
来 lái	come	便宜 piányi	cheap
这边 zhèbian	this way	一点儿 yìdiǎnr	a little
红 hóng	red	价钱 jiàqian	price
蓝色 lánsè	blue	贵 guì	expensive
黑色 hēisè	black	吧 ba	particle for making suggestions
好看 hǎokàn	good-looking		

Lesson 1　Unit 8　93

Pronunciation and speaking

The tones of 一

1 Look at the tone marks for 一. How does the tone of 一 change?

yì tiān   yì nián
一 天   一 年

yì wǎn   yí kuài
一 晚   一 块

Now listen and say the words.

2 Listen and check the correct tones for 一.

1 一种
   ☐ a yīzhǒng   ☐ b yìzhǒng

2 一起
   ☐ a yìqǐ   ☐ b yīqǐ

3 一双
   ☐ a yìshuāng   ☐ b yīshuāng

3 Listen and match the tones for 一.

1 一件 (jiàn)   a yī
2 一条 (tiáo)   b yí
3 一个 (gè)   c yǐ
4 一百 (bǎi)   d yì

Now say the words aloud.

4 Listen and say the words.

1 买 (mǎi)   来 (lái)   试试 (shìshi)
2 便宜 (piányi)   不贵 (bù guì)   价钱 (jiàqian)
3 毛衣 (máoyī)   裤子 (kùzi)   裙子 (qúnzi)

5 Work in pairs.

Student A: You are a customer in a clothes shop. You like a clothes item but it is too expensive.

Student B: You are a shop assistant. You agree to sell the item at a lower price.

Wǒ yào mǎi
A: 我 要 买……

Qǐng lái zhèbian Zhè tiáo zěnmeyàng
B: 请 来 这边。这 条 怎么样？

Bù cuò Duōshao qián
A: 不 错。多少 钱？

kuài
B: …… 块。

Tài guì le piányi yīdiǎnr
A: 太 贵 了，便宜 一点儿，

zěnmeyàng
…… 怎么样？

Hǎo ba
B: 好 吧。

Gěi nǐ qián
A: 给 你 钱。

Xièxie
B: 谢谢。

CHINESE TO GO

Talking about shopping

Dǎzhé ma
打折 吗？   Any discount?

Suíbiàn kànkan
随便 看看。   Feel free to take a look.

LESSON 2

Reading and writing

1 Match the pictures with the words.

a b c d

	fúzhuāng shìchǎng		chāoshì
1	服装 市场	3	超市
	gòuwù zhōngxīn		shūdiàn
2	购物 中心	4	书店

2 Read Steve's blog and answer the questions.

      Shǐdìfū xǐhuan kàn shū ma
1 史蒂夫 喜欢 看 书 吗？

      Shǐdìfū mǎi de kùzi duōshao qián
2 史蒂夫 买的 裤子 多少 钱？

      Tā shàngge yuè mǎile shénme
3 他 上个 月买了 什么？

      Xiǎoxiǎo shì shéi
4 小小 是 谁？

Běijīng shēnghuó
Beijing Life 北京 生活

主页 | 博客 | 相册 | 档案 | 互动

发表文章

Thursday 2 July 星期四 七月 二日

Zhè shì wǒ zuì xǐhuan de Běijīng shūdiàn. Wǒ xǐhuan kàn shū!
这是我最喜欢的北京书店。我喜欢看书！

分享 | 评论 (06) | 阅读 (315) | 固定链接 | 发表于15:36

Zhège fúzhuāng shìchǎng hěn yuǎn, dànshì jiàqian piányi. Xīngqītiān wǒ mǎile yī tiáo kùzi, èrshí kuài, hěn piányi. Wǒ gěi gēge mǎile tīxù, tā xǐhuan hēisè hé báisè de tīxù.
这个服装 市场 很 远，但是 价钱 便宜。星期天我买了一条 裤子，二十块，很便宜。我给哥哥买了T恤，他喜欢黑色和白色的T恤。

分享 | 评论 (16) | 阅读 (476) | 固定链接 | 发表于16:29

Zhè shì yǒumíng de gòuwù zhōngxīn "Village". Shàngge yuè wǒ zài zhèlǐ mǎile yī shuāng xié hé yī jiàn dàyī. Měi ge zhōumò zhèlǐ dōu yǒu hěn duō rén.
这是有名的购物 中心 "Village"。上个月我在这里买了一 双 鞋和一件 大衣。每个周末这里都有很多人。

分享 | 评论 (37) | 阅读 (238) | 固定链接 | 发表于21:39

Zhè shì wǒ hé Xiǎoxiǎo. Xiǎoxiǎo shì chāoshì de shòuhuòyuán. Měi ge Xīngqītiān zǎoshang wǒ dōu zài zhèlǐ mǎi dōngxi.
这是我和小小。小小是超市的 售货员。每个星期天 早上 我都在这里买东西。

分享 | 评论 (11) | 阅读 (139) | 固定链接 | 发表于22:00

生词 New words

shūdiàn			yǒumíng			jiàn	item, measure word
书店	bookshop		有名	famous		件	
fúzhuāng	shìchǎng	clothes market	gòuwù	zhōngxīn	shopping centre	dàyī	coat
服装	市场		购物	中心		大衣	
yuǎn			shàngge			měi	
远	far away		上个	last		每	every, each
kùzi			zhèlǐ			hěn duō	
裤子	trousers		这里	here		很多	a lot of
tīxù			shuāng			chāoshì	
T恤	T-shirt		双	pair, measure word		超市	supermarket
báisè			xié			dōngxi	
白色	white		鞋	shoes		东西	thing

Lesson 2 Unit 8 95

3 Complete the sentences.

1 史蒂夫 _____ 北京 的 书店。
   Shǐdìfū   Běijīng de shūdiàn

2 _____ 很 远。
   hěn yuǎn

3 他 给 哥哥 买了 _____ 和 _____ 的 T恤。
   Tā gěi gēge mǎile   hé   de tīxù

4 每 个 周末 _____ 都 有 很 多 人。
   Měi gè zhōumò   dōu yǒu hěn duō rén

5 每 个 星期天 早上 他 都 在 _____ 买 东西。
   Měi gè Xīngqītiān zǎoshang tā dōu zài   mǎi dōngxi

4 Read the list of clothes that Wang Yu has bought, and answer the questions.

九月 一 日 Jiǔyuè yī rì	大衣 dàyī	¥ 500.00
九月 五 日 Jiǔyuè wǔ rì	毛衣 máoyī	¥ 160.00
十一月 七 日 Shíyīyuè qī rì	裙子 qúnzi	¥ 120.00
十一月 十 日 Shíyīyuè shí rì	T恤 tīxù	¥ 38.00
十二月 十二 日 Shí'èryuè shí'èr rì	裤子 kùzi	¥ 135.00

1 王 玉 买 的 大衣 多少 钱?
   Wáng Yù mǎi de dàyī duōshao qián

2 王 玉 九月 五 日 买了 什么?
   Wáng Yù Jiǔyuè wǔ rì mǎile shénme

3 她 买 的 裙子 多少 钱?
   Tā mǎi de qúnzi duōshao qián

4 王 玉 十二月 十二 日 买了 什么?
   Wáng Yù Shí'èryuè shí'èr rì mǎile shénme

5 Write a blog about your own life.

Language in use

Measure words

1 Look at the examples for using measure words.

gè 个	jiàn 件	tiáo 条	shuāng 双
rén 人 people	máoyī 毛衣 sweater	qúnzi 裙子 skirt	wàzi 袜子 socks
píngguǒ 苹果 apple	tīxù T恤 T-shirt	lù 路 road	yǎnjing 眼睛 eyes
xīngqī 星期 week	shì 事 thing	máojīn 毛巾 towel	shǒu 手 hands

Now check the two correct explanations.

☐ 1 个 is often used for clothing.
☐ 2 件 is usually used for people or objects.
☐ 3 条 is used for long and narrow objects.
☐ 4 双 is used for things that come in pairs.

96 Unit 8 Lesson 2

2 Complete the phrases with the words in the box.

gè	shuāng	tiáo	jiàn
个	双	条	件

1 yī ___ péngyou 一 ___ 朋友
3 sān ___ dàyī 三 ___ 大衣
2 yī ___ kùzi 一 ___ 裤子
4 yī ___ xié 一 ___ 鞋

▶ Turn to page 168 for more information.

Numerals èr / liǎng 二 / 两

1 Look at the phrases.

liǎng gè rén	èrshí'èr gè rén
两 个 人	二十二 个 人
liǎng suì	wǔshí'èr suì
两 岁	五十二 岁
liǎng tiān	dì-èr tiān
两 天	第 二 天
	the second day

Now check the two correct explanations.

☐ 1 两 is used for counting things.
☐ 2 二 can be used to mean second.
☐ 3 两 is used for expressing quantity.

2 Complete the phrases with 二 or 两.

1 jiàn yīfu ___ 件 衣服
4 dì gè rén 第 ___ 个 人
2 shí kuài qián ___ 十 块 钱
5 shuāng xié ___ 双 鞋
3 gè yuè ___ 个 月
6 shí gè xīngqī 十 ___ 个 星期

▶ Turn to page 168 for more information.

Expressing past tense using le 了

1 Look at the sentences.

Adverbial	Subject	Adverbial	Predicate		
			Verb	Particle	Object
Shàngge Xīngqītiān 上个星期天	wǒ 我		mǎi 买	le 了	liǎng jiàn yīfu 两件衣服。
	Tā 他		qù 去	le 了	Běijīng 北京。
	Wǒ 我	zài Měiguó 在美国	zhù 住	le 了	sān nián 三年。

Now check the two correct explanations.

☐ 1 了 is used after a verb.
☐ 2 了 is used to indicate the completion of an action.
☐ 3 了 is always used before a number.

2 Write the sentences in Chinese.

1 He has studied Chinese for three years.
2 She bought a pair of black shoes.
3 They went to Shanghai.

▶ Turn to page 168 for grammar reference.

LESSON | 3

Communication activity

1 **Work in groups.**
You are going to set up a website for a designer clothing store, targeting Chinese customers. Think about the following:

- the selection of clothes that you will sell online
- the prices of similar clothes in your local shops
- the prices in RMB
- name, telephone number, email and website of your online store
- date you plan to launch the online store

2 **Make notes and rough designs for the pages of your online store.**

3 **Present the pages of your store to another group.**

▶ Turn to pages 153 and 159 for more speaking practice.

Cultural Corner

To bargain or not to bargain?

For westerners who are used to fixed prices, bargaining in China can be one of the hardest things to get used to. However, it is a good idea to bargain in China, as tourists are often offered an inflated price in markets, small shops, restaurants and sometimes even hotels.

Here are some bargaining tips if you are in China:

- Learn a few common Chinese phrases, such as "it's too expensive" and "can you make it cheaper"?
- Take your time. Never buy anything at the first place you go to. Always shop around to compare prices.
- Decide how much you are willing to spend on an item before making an offer.
- If your offer is not accepted, try walking away. You will usually be called back for another round of negotiation if the shop is willing to sell.

Character writing

These are two common radicals in Chinese. Do you know any other characters with the same radicals?

Radicals	Meaning	Examples
衤	clothes	裙
贝	shell	员

1 Look at the characters and identify the radicals.

衫　贵　衬　贷

2 Match the words with the meanings.

1 裤子 kùzi — a skirt
2 裙子 qúnzi — b shopping
3 购物 gòuwù — c shop assistant
4 售货员 shòuhuòyuán — d trousers

3 Trace the characters in the boxes.

裤
裙
购
员

Review and practice

1 Write questions about the underlined parts of the sentences.

1 我买了一件<u>黑毛衣</u>。 Wǒ mǎi le yī jiàn hēi máoyī
2 安娜去了<u>北京</u>。 Ānnà qù le Běijīng
3 明天是<u>王玉</u>的生日。 Míngtiān shì Wáng Yù de shēngrì
4 <u>永民</u>喜欢白色。 Yǒngmín xǐhuan báisè

2 Complete the passage with 二 and 两.

二月 ___ 十 ___ 日，我和 ___ 个朋友买了 ___ 件衣服， ___ 双鞋和十 ___ 张生日卡。
Èryuè shí rì, wǒ hé gè péngyou mǎi le jiàn yīfu, shuāngxié hé shí zhāng shēngrìkǎ

3 Circle the odd word.

1 红色 hóngsè　蓝色 lánsè　黑色 hēisè　书店 shūdiàn
2 毛衣 máoyī　T恤 tīxù　鞋 xié　裙子 qúnzi
3 件 jiàn　双 shuāng　红 hóng　条 tiáo
4 价钱 jiàqian　不贵 bùguì　块 kuài　便宜 piányi
5 买 mǎi　给 gěi　试 shì　好看 hǎokàn

4 Match the pictures with the words.

a 1 裤子 kùzi
b 2 大衣 dàyī
c 3 毛衣 máoyī

Vocabulary extension

Match the pictures with the words.

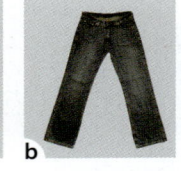

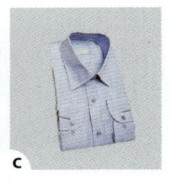

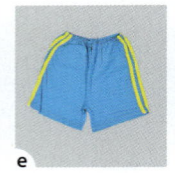

	wéijīn		chènshān
1	围巾	4	衬衫
	duǎnkù		màozi
2	短裤	5	帽子
	niúzǎikù		liányīqún
3	牛仔裤	6	连衣裙

Vocabulary list

售货员	shòuhuòyuán	n.	shop assistant
买	mǎi	v.	buy
衣服	yīfu	n.	clothes
条	tiáo	measure word	
裙子	qúnzi	n.	skirt
来	lái	v.	come
这边	zhèbian	pron.	this way
红	hóng	adj.	red
蓝色	lánsè	n.	blue
黑色	hēisè	n.	black
好看	hǎokàn	adj.	good-looking
试	shì	v.	try
不错	bùcuò	adj.	not bad
钱	qián	n.	money
百	bǎi	num.	hundred
块	kuài	measure word	money unit in China (yuan)
便宜	piányi	adj.	cheap
一点儿	yīdiǎnr	quantifier	a little
价钱	jiàqian	n.	price
贵	guì	adj.	expensive
吧	ba	particle	(for making suggestions)
书店	shūdiàn	n.	bookshop
服装市场	fúzhuāng shìchǎng	n.	clothes market
远	yuǎn	adj.	far away

裤子	kùzi	n.	trousers
T恤	tīxù	n.	T-shirt
白色	báisè	n.	white
有名	yǒumíng	adj.	famous
购物中心	gòuwù zhōngxīn	n.	shopping centre
上个	shèngge		last
这里	zhèli	pron.	here
双	shuāng	measure word	pair
鞋	xié	n.	shoes
件	jiàn	measure word	item, piece
大衣	dàyī	n.	coat
每	měi	pron.	every, each
很多	hěn duō		a lot of
超市	chāoshì	n.	supermarket
东西	dōngxi	n.	thing
绿色	lǜsè	n.	green
黄色	huángsè	n.	yellow
毛衣	máoyī	n.	sweater
围巾	wéijīn	n.	scarf
短裤	duǎnkù	n.	shorts
牛仔裤	niúzǎikù	n.	jeans
衬衫	chènshān	n.	shirt
帽子	màozi	n.	hat
连衣裙	liányīqún	n.	one-piece dress

Review 2

Vocabulary

1 Make words using the characters in the box.

huà	shǎo	chī	fú	jiān	dòng
话	少	吃	服	间	动

1 房 ___ (fáng)
2 衣 ___ (yī)
3 运 ___ (yùn)
4 好 ___ (hǎo)
5 电 ___ (diàn)
6 多 ___ (duō)

2 Match the words with the meanings.

1 号码 (hàomǎ) a bookshop
2 地址 (dìzhǐ) b thing
3 电影 (diànyǐng) c address
4 书店 (shūdiàn) d apartment building
5 东西 (dōngxi) e number, code
6 公寓 (gōngyù) f movie

3 Complete the email using the words in the box.

ménkǒu	rì	shēngrì	diànyǐng
门口	日	生日	电影

未读邮件 ✕

返回 回复 回复全部 转发 删除

Lǐ Lì
李丽:
　　Nǐ hǎo
　你好!
　　Jiǔyuè shíbā　　　 zhège Xīngqīliù shì wǒ
　九月 十八 ___，这个 星期六 是 我
de   wǒmen yīqǐ kàn   zěnmeyàng
的 ___, 我们 一起 看 ___, 怎么样?
Wǎnshang qī diǎn Běijīngdiànyǐngyuàn
晚上 七点， 北京 电影院 ___
jiàn
见。

　　　　　　　　　　　　Zhāng Míng
　　　　　　　　　　　　张 明

Grammar

1 Listen and complete the activities on Mark's to-do list for the day.

☐ 1 跟 老师 ___ (gēn lǎoshī)
☐ 2 跟 安娜 ___ (gēn Ānnà)
☐ 3 ___ 书 (shū)
☐ 4 ___ 中文 (Zhōngwén)
☐ 5 ___ 运动 (yùndòng)
☐ 6 ___ 超市 (chāoshì)

Now listen again and check the things that he has already done.

2 Match the measure words with the nouns.

gè	jiàn	tiáo	shuāng
个	件	条	双

1 苹果 (píngguǒ)
2 路 (lù)
3 裙子 (qúnzi)
4 朋友 (péngyou)
5 T恤 (tīxù)
6 大衣 (dàyī)
7 裤子 (kùzi)
8 鞋 (xié)
9 事 (shì)
10 星期 (xīngqī)

3 Write the times in numbers or characters. Write two ways of saying the time where appropriate.

1 七点 二十五 分 (qī diǎn èrshíwǔ fēn)
2 八点 一刻 (bā diǎn yī kè)
3 九点 半 (jiǔ diǎn bàn)
4 12:45
5 6:30
6 5:00

4 Circle the correct pinyin for 一.

1 一（yī / yāo）本 书 *běn shū*

2 1（yī / yāo）78 号 房间 *hào fángjiān*

3 一（yī / yāo）个 苹果 *gè píngguǒ*

4 电话 号码 是 78563491（yī / yāo） *diànhuà hàomǎ shì*

5 一（yī / yāo）天 *tiān*

6 星期一（yī / yāo） *Xīngqī*

5 Look at Xiaoxiao's notes on the calendar and answer the questions.

十二月 十二日　星期二 *Shí'èryuè shí'èr rì Xīngqī'èr*

姐姐 的 生日 *jiějie de shēngrì*

买 音乐 CD *mǎi yīnyuè*

请 她 看 电影 *qǐng tā kàn diànyǐng*

1 姐姐 的 生日 是 哪 天？ *Jiějie de shēngri shì nǎ tiān*

2 小小 请 姐姐 做 什么？ *Xiǎoxiāo qǐng jiějie zuò shénme*

3 小小 要 买 什么？ *Xiǎoxiāo yào mǎi shénme*

6 Complete the conversations with the words in the box.

| 几 *jǐ* | 双 *shuāng* | 二 *èr* | 两 *liǎng* |
| 分 *fēn* | 哪里 *nǎli* | 呢 *ne* | 也 *yě* |

1 A: 你好，请问 现在 几点？ *Nǐ hǎo qǐngwèn xiànzài jǐ diǎn*

B: _____ 点 十五 _____。 *diǎn shíwǔ*

2 A: 我 是 英国人，你 是 _____ 人？ *Wǒ shì Yīngguórén nǐ shì rén*

B: 我 _____ 是 英国人。 *Wǒ shì Yīngguórén*

3 A: 你 有 _____ 个 姐姐？ *Nǐ yǒu gè jiějie*

B: 我 有 一 个 姐姐，她 有 一 _____ 大 眼睛。 *Wǒ yǒu yī gè jiějie tā yǒu yī dà yǎnjing*

4 A: 你的 生日 是在 几月？ *Nǐ de shēngrì shì zài jǐ yuè*

B: _____ 月。你的 生日 _____？ *yuè Nǐ de shēngrì*

A: 也 是 二月。 *Yě shì èryuè*

Integrated skills

1 Listen and complete the passage.

2-20

今天 是 _____，我 和 妈妈 一起 *Jīntiān shì   wǒ hé māma yīqǐ*
去 买 衣服。我 买 了 _____。上个 *qù mǎi yīfu Wǒ mǎile   Shàngge*
星期天 爸爸 给 我 买 了 _____，但 *Xīngqītiān bàba gěi wǒ mǎi le   dàn*
是 我 喜欢_____。妈妈 给 爸爸 买 了 *shì wǒ xǐhuan   Māma gěi bàba mǎi le*
_____，他 很 喜欢。 *tā hěn xǐhuan*

2 Listen and write the students' telephone numbers.

2-21

北京 大学 *Běijīng Dàxué*

学生　姓名　电话 号码 *xuéshēng xìngmíng diànhuà hàomǎ*

李 白　_____ *Lǐ Bái*

王 安　_____ *Wáng Ān*

刘 丽　_____ *Liú Lì*

3 Complete the student record using your own information.

```
xìngmíng              guójí
姓名：                 国籍：
niánlíng              chūshēngdì
年龄：                 出生地：
diànhuà hàomǎ
电话 号码：
diànzǐ yóuxiāng
电子 邮箱：
dìzhǐ
地址：
```

4 Work in pairs.
Student A: Decide the colour and price for the following clothes items.

Student B: Decide the colour and price for the following clothes items.

Now work in pairs. Ask and answer questions about each other. Use the prompts below to help you.

    Qǐngwèn　　nǐ jiào shénme míngzi
A: 请问，你叫 什么 名字？
    Wǒ jiào
B: 我 叫 _____。

    Nǐ shì nǎ guó rén
A: 你 是 哪 国 人？
    Wǒ shì
B: 我 是 _____。

    Nǐ duō dà
A: 你 多大？
    Wǒ
B: 我 _____。

    Nǐ de diànhuà hàomǎ shì duōshao
A: 你的 电话 号码 是 多少？

B: _____。

    Nǐ de diànzǐ yóuxiāng shì shénme
A: 你的电子 邮箱 是 什么？

B: _____。

    Nǐ zhù zài nǎli
A: 你 住 在 哪里？
    Wǒ zhù zài
B: 我 住 在 _____。

Now ask and answer questions about each other's clothes items, and complete the sales record.

rìqī 日期 (date)	dōngxi 东西 (item)	yánsè 颜色 (colour)	jiàqian 价钱 (price)
8月2号			

Review 2 ♦ 103

5 Complete the conversation using the sentences in the box.

> a 北京 电影院 门口。
> Běijīng diànyǐngyuàn ménkǒu
>
> b 晚上 七点，怎么样？
> Wǎnshang qīdiǎn zěnmeyàng
>
> c 七月十二号。
> Qīyuè shí'èr hào
>
> d 我请你们看电影，怎么样？
> Wǒ qǐng nǐmen kàn diànyǐng zěnmeyàng

A: 你知道张红的生日是哪天吗？
Nǐ zhīdào Zhāng Hóng de shēngrì shì nǎ tiān ma

B: _____

A: 明天？真的吗？
Míngtiān Zhēn de ma

B: 是，我给她买了一条围巾。你呢？
Shì wǒ gěi tā mǎi le yī tiáo wéijīn Nǐ ne

A: 我不知道。_____
Wǒ bù zhīdào

B: 太好了，我们明天几点见？
Tài hǎo le wǒmen míngtiān jǐ diǎn jiàn

A: _____

B: 好，在哪里？
Hǎo zài nǎli

A: _____

B: 好，明天晚上不见不散！
Hǎo míngtiān wǎnshang bùjiàn-bùsàn

Enjoy Chinese

Guess what these ancient Chinese characters resemble.

1 　　　　a 水 shuǐ
2 　　　　b 羊 yáng
3 　　　　c 女 nǚ
4 　　　　d 牛 niú
5 　　　　e 门 mén

Now match the ancient characters with the modern ones.

UNIT 9

Bù yuǎn
不远!

It's not far!

LESSON | 1

Vocabulary and listening

1 Match the words with the places.

a b c d

yóujú	xǐshǒujiān	fànguǎn	yínháng
1 邮局	2 洗手间	3 饭馆	4 银行

Now listen and say the words.

2 Listen and complete the blanks with the words in the box.

dōngbian	xībian	nánbian
东边	西边	南边

1 běibian 北边

2 _____   4 _____

3 _____

生词 New words

nǎr 哪儿	where
lóu 楼	building, storey
zěnme 怎么	how
zǒu 走	walk, go
lùrén 路人	passerby
yóujú 邮局	post office
hòubian 后边	back
wǎng 往	towards
nánbian 南边	south

lí 离	away from
zhèr 这儿	here
duì 对	right, correct
yínháng 银行	bank
fùjìn 附近	vicinity, nearby
qiánbian 前边	front
fēnzhōng 分钟	minute
zuǒyòu 左右	about

3 Listen to the conversation.

Steve and Yeong-min are asking for directions to Anna's house.

Shǐdìfū 史蒂夫： Ānnà zhù zài nǎr 安娜 住 在 哪儿？

Yǒngmín 永民： Gōngyuán Lù sānshísì hào lóu 公园 路 34 号楼。

Shǐdìfū 史蒂夫： Zěnme zǒu 怎么 走？

Yǒngmín 永民： Wènwen lùrén ba 问问 路人 吧！

……

Yǒngmín 永民： Qǐngwèn zhè shì Gōngyuán Lù ma 请问，这是 公园 路吗？

Lùrén 路人： Bù shì. Gōngyuán Lù zài yóujú de hòubian 不是。公园 路在 邮局 的 后边。

Yǒngmín 永民： Wǒmen zěnme zǒu 我们 怎么 走？

Lùrén 路人： Wǎng nánbian zǒu 往 南边 走。

106 Unit 9 Lesson 1

4 Listen again and check the correct answers.

1 史蒂夫去安娜家，要往哪边走？
   Shǐdìfū qù Ānnà jiā, yào wǎng nǎbian zǒu

   ☐ a 南边 (nánbian)   ☐ b 北边 (běibian)

2 史蒂夫和永民离安娜家远不远？
   Shǐdìfū hé Yǒngmín lí Ānnà jiā yuǎn bù yuǎn

   ☐ a 远 (yuǎn)   ☐ b 不远 (bù yuǎn)

3 公园路有没有34号楼？
   Gōngyuán Lù yǒu méiyǒu sānshísì hào lóu

   ☐ a 有 (yǒu)   ☐ b 没有 (méiyǒu)

Now mark Anna's apartment with an "X" and write "Gōngyuán Lù" in the correct place.

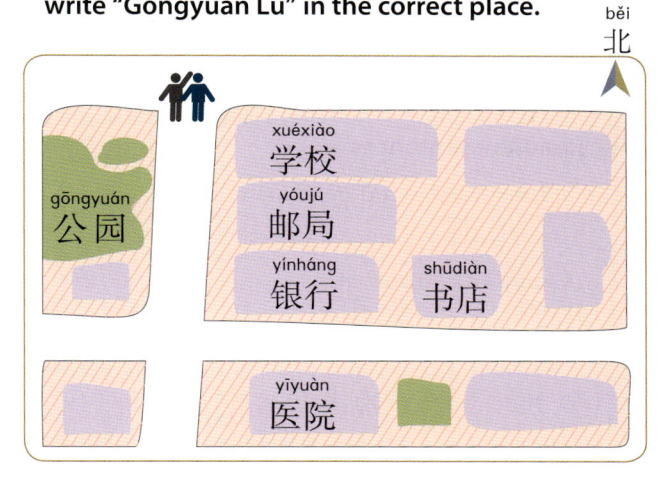

北 (běi)

公园 (gōngyuán)
学校 (xuéxiào)
邮局 (yóujú)
银行 (yínháng)
书店 (shūdiàn)
医院 (yīyuàn)

永民 (Yǒngmín)：离这儿远不远？
Lí zhèr yuǎn bù yuǎn

路人 (Lùrén)：不远。
Bù yuǎn

……

史蒂夫 (Shǐdìfū)：请问这是公园路吗？
Qǐngwèn zhè shì Gōngyuán Lù ma

路人 (Lùrén)：对。
Duì

永民 (Yǒngmín)：这里有没有34号楼？
Zhèli yǒu méiyǒu sānshísì hào lóu

路人 (Lùrén)：有，在银行附近，书店的前边。往前走五分钟左右。
Yǒu, zài yínháng fùjìn, shūdiàn de qiánbian. Wǎng qián zǒu wǔ fēnzhōng zuǒyòu.

---

5 Listen and complete the sentences.

1 附近 _____ 银行。
  Fùjìn yínháng

2 邮局在书店的 _____ 。
  Yóujú zài shūdiàn de

3 医院离这儿 _____ 。
  Yīyuàn lí zhèr

6 Work in groups. Act out the conversation in Activity 3 using the words here.

大学 (dàxué)　医院 (yīyuàn)　学校 (xuéxiào)

银行 (yínháng)　邮局 (yóujú)　书店 (shūdiàn)

Lesson 1　Unit 9　107

Pronunciation and speaking

Retroflex "r"

1 Listen and check the words you hear.

1. ☐ a 这 zhè ☐ b 这儿 zhèr
2. ☐ a 哪 nǎ ☐ b 哪儿 nǎr
3. ☐ a 一点 yīdiǎn ☐ b 一点儿 yīdiǎnr
4. ☐ a 一块 yī kuài ☐ b 一块儿 yīkuàir

Now listen again and say the words.

2 Read the sentences aloud.

1. 这儿有一个公园。 Zhèr yǒu yī gè gōngyuán
2. 王玉住在哪儿? Wáng Yù zhù zài nǎr
3. 超市有一点儿远。 Chāoshì yǒu yīdiǎnr yuǎn
4. 我们一块儿看电影,好吗? Wǒmen yīkuàir kàn diànyǐng hǎo ma

Now listen and repeat.

3 Listen and say the words.

1. 哪儿 nǎr   这儿 zhèr   怎么 zěnme
2. 南边 nánbian   东边 dōngbian   西边 xībian   北边 běibian
3. 前边 qiánbian   后边 hòubian   附近 fùjìn

4 Work in pairs. Ask and answer questions about Wang Yu's neighbourhood.

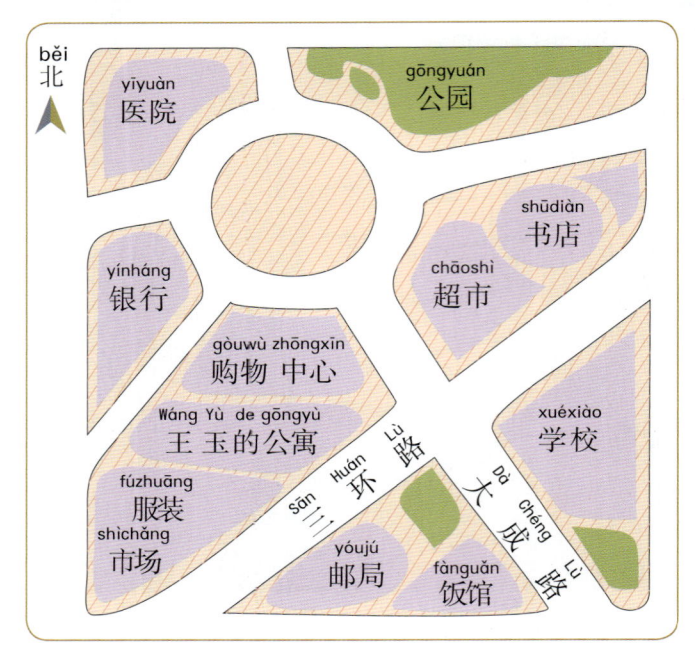

北 běi
医院 yīyuàn
公园 gōngyuán
书店 shūdiàn
银行 yínháng
超市 chāoshì
购物中心 gòuwù zhōngxin
王玉的公寓 Wáng Yù de gōngyù
学校 xuéxiào
服装市场 fúzhuāng shìchǎng
三环路 Sān Huán Lù
大成路 Dà chéng Lù
邮局 yóujú
饭馆 fànguǎn

你好!请问,……在哪儿? Nǐ hǎo Qǐngwèn zài nǎr
……离这儿远吗? lí zhèr yuǎn ma
……是不是在……? shì bù shì zài

CHINESE TO GO

Asking and answering questions about places

请问,附近有没有洗手间? Qǐngwèn fùjìn yǒu méiyǒu xǐshǒujiān
Excuse me, is there a toilet nearby?

不好意思,我不知道。 Bùhǎoyìsi wǒ bù zhīdào
Sorry, I don't know.

有,一直往前走。 Yǒu yìzhí wǎng qián zǒu
Yes, go straight ahead.

有,在左边/右边。 Yǒu zài zuǒbian yòubian
Yes, on the left/right.

LESSON | 2

Reading and writing

1 Match the pictures with the words.

a 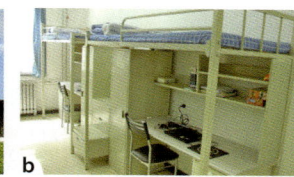 b  c  d

gōngyù	fángzi	fángjiān	sùshè
1 公寓	2 房子	3 房间	4 宿舍

2 Read the advertisements and answer the questions.
Mark wants to rent a flat.

　　Dàxué Lù de gōngyù yǒu duōshao ge fángjiān
1 大学路的公寓有多少个房间？

　　Dàxué Lù de gōngyù de jiāotōng zěnmeyàng
2 大学路的公寓的交通怎么样？

　　Nánjīng Lù de gōngyù yǒu duō dà
3 南京路的公寓有多大？

　　Nánjīng Lù de gōngyù fùjìn yǒu shénme
4 南京路的公寓附近有什么？

生词 New words

chūzū 出租	rent out, lease	jiāotōng 交通	transportation
fángzi 房子	flat, house	fāngbiàn 方便	convenient
jìn 近	near	liánxì 联系	contact
dōngbian 东边	east	Nánjīng 南京	Nanjing
sùshè 宿舍	dormitory	píngfāngmǐ 平方米	square metre
xībian 西边	west	fànguǎn 饭馆	restaurant
dìtiězhàn 地铁站	subway station	xiānsheng 先生	Mr.
běibian 北边	north		

---

6 房屋信息　　100 房屋出租

1　gōngyù　chūzū
　　公寓　出租

　　Dàxué Lù shíbā hào èr lóu　yǒu sān ge fángjiān
　　大学路 18 号 2 楼，有 三 个 房间。
　　Fángzi lí dàxué hěn jìn　Fángzi de dōngbian
　　房子 离 大学 很 近。房子 的 东边
　　yǒu xuésheng sùshè　xībian yǒu dìtiězhàn
　　有 学生 宿舍，西边 有 地铁站，
　　běibian yǒu chāoshì　fùjìn yǒu diànyǐngyuàn
　　北边 有 超市，附近 有 电影院。
　　Jiāotōng hé mǎi dōngxi dōu hěn fāngbiàn
　　交通 和 买 东西 都 很 方便。

　　měi yuè ￥4,200　　diànhuà: 25489076
　　每 月

　　Liánxìrén　Zhào xiǎojiě
　　联系人：赵 小姐

2　gōngyù　chūzū
　　公寓　出租

　　Hěn piányi
　　很 便宜！
　　Nánjīng Lù jiǔshíbā hào bā lóu　yībǎi èrshí píngfāngmǐ
　　南京路 98 号 8 楼，120 平方米。
　　Fùjìn yǒu hěnduō shūdiàn hé jiàqian piányi
　　附近 有 很多 书店 和 价钱 便宜
　　de fànguǎn　dōngbian yǒu gōngyuán xībian
　　的 饭馆，东边 有 公园，西边
　　yǒu gòuwù zhōngxīn
　　有 购物 中心。

　　měi yuè ￥3,500　　diànhuà: 69812047
　　每 月

　　Liánxìrén　Mǎ xiānsheng
　　联系人：马 先生

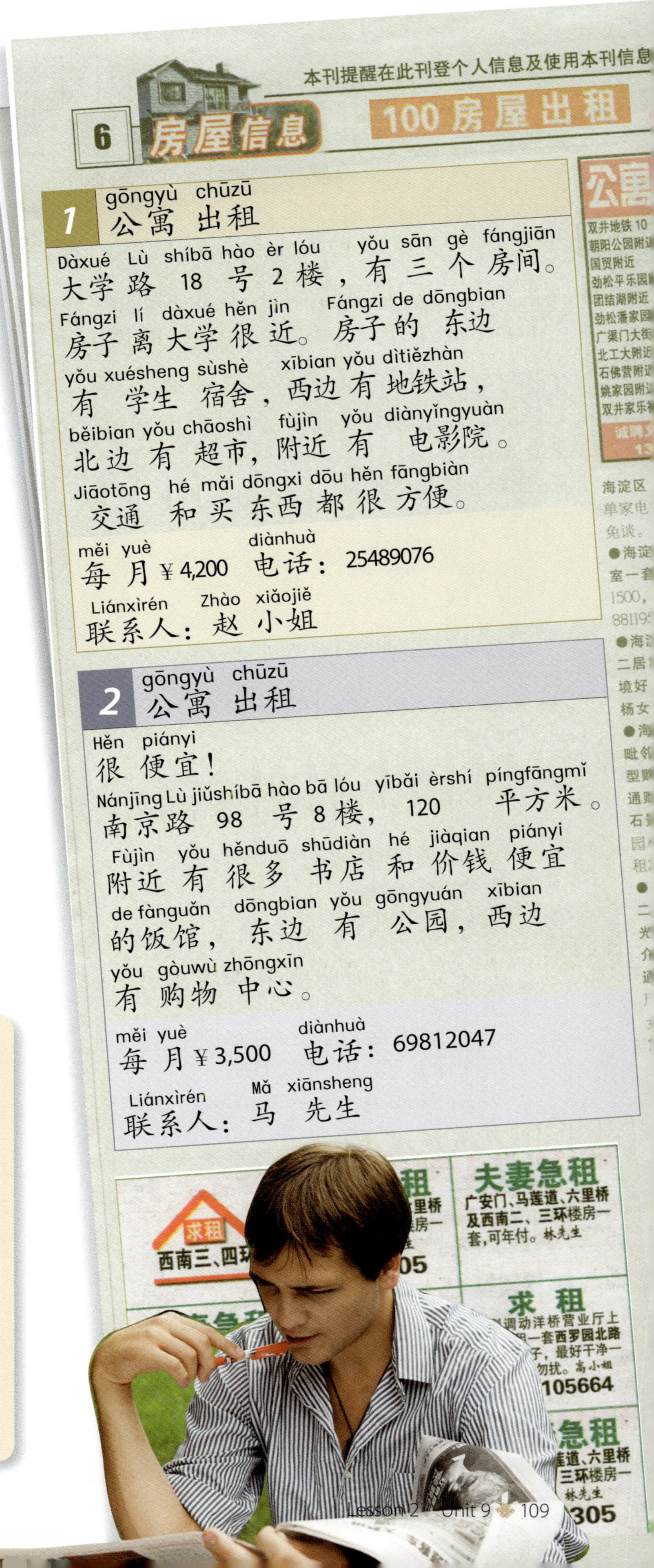

3 Work in pairs. Write notes about the two flats in Activity 2.

	gōngyù 公寓 1	gōngyù 公寓 2
fùjìn yǒu 附近有		
gòuwù 购物		
měi yuè 每月¥		

Now discuss which flat Mark should choose.

4 Match the sentences with the information in the box.

| a | jiāotōng 交通 | b | gòuwù 购物 | c | yùndòng 运动 |

1 Fángzi de běibian yǒu chāoshì
  房子的北边有超市。
2 Fángzi lí dàxué hěn jìn
  房子离大学很近。
3 Fángzi de xībian yǒu gōngyuán
  房子的西边有公园。
4 Fángzi de dōngbian yǒu shūdiàn
  房子的东边有书店。
5 Fángzi de nánbian yǒu dìtiězhàn
  房子的南边有地铁站。

5 Write an advertisement describing your flat or house. Use the advertisements in Activity 2 to help you.

Wǒ jiā de dōngbian yǒu
我家的东边有……

Language in use

Expressing existence using yǒu 有

1 Look at the sentences.

Subject	Adverbial (place)	Predicate Verb	Predicate Object
Xuéxiào 学校	fùjìn 附近	yǒu 有	yī gè gōngyuán 一个 公园。

There is a park near the school.

| Yóujú 邮局 | de xībian 的西边 | méiyǒu 没有 | dìtiězhàn 地铁站。|

There isn't a subway station to the west of the post office.

| Wǒ jiā 我家 | fùjìn 附近 | yǒu 有 | chāoshì 超市。|

There is a supermarket near my home.

Now check the two correct explanations.

☐ 1 有 means "there is/are".
☐ 2 The noun before 有 can only refer to people.
☐ 3 没有 means "there isn't/aren't".

2 Write the sentences in Chinese.

1 There is a bank near my home.
2 There is a supermarket to the north of the subway station.
3 There isn't a post office behind the cinema.

▶ Turn to page 168 for grammar reference.

110 Unit 9 Lesson 2

Asking questions using yǒu méiyǒu 有没有

1 Look at the conversations.

A: Fùjìn yǒu shūdiàn ma
   附近 有 书店 吗?
B: Yǒu
   有。

A: Fùjìn yǒu méiyǒu gōngyuán
   附近 有 没有 公园?
B: Yǒu
   有。

A: Qiánbian yǒu méiyǒu yínháng
   前边 有 没有 银行?
B: Méiyǒu
   没有。

Now check the two correct explanations.

☐ 1 有没有 is an alternative expression of 有……吗.

☐ 2 有没有 means "is there or isn't there" in questions.

☐ 3 有没有 can be used in statements.

2 Rewrite the questions using 有没有.

1 Qiánbian yǒu dìtiězhàn ma
  前边 有 地铁站 吗?

2 Chāoshì hòubian yǒu xǐshǒujiān ma
  超市 后边 有 洗手间 吗?

3 Nǐ jiā fùjìn yǒu yínháng ma
  你家 附近 有 银行 吗?

▶ Turn to page 169 for grammar reference.

Expressing locations with the verb zài 在

1 Look at the sentences.

Subject	Verb	Noun phrase
Dìtiězhàn 地铁站	zài 在	shūdiàn dōngbian 书店 东边。
Tā 他	zài 在	xuéxiào 学校。
Wáng Yù 王 玉	zài 在	gōngyuán 公园。

Now check the sentences in which 在 is used as a verb.

1 ☐ a Wǒ bàba zài yīyuàn gōngzuò
     我 爸爸 在 医院 工作。
  ☐ b Yóujú zài yīyuàn hòubian
     邮局 在 医院 后边。

2 ☐ a Xǐshǒujiān zài shūdiàn dōngbian
     洗手间 在 书店 东边。
  ☐ b Mǎkè zài Wáng Yù jiā chīfàn
     马克 在 王 玉 家 吃饭。

2 Look at the sentences.

Yóujú de běibian yǒu yī gè gōngyuán
邮局 的 北边 有 一个 公园。

Gōngyuán zài yóujú běibian
公园 在 邮局 北边。

Now rewrite the sentences using 在.

1 Yínháng de hòubian yǒu yī gè chāoshì
  银行 的 后边 有 一个 超市。

2 Yóujú fùjìn yǒu yī gè diànyǐngyuàn
  邮局 附近 有 一个 电影院。

▶ Turn to page 169 for grammar reference.

Lesson 2 Unit 9 111

LESSON 3

Communication activity

1 Work in pairs. Prepare a proposal for funding to design a new town centre for a developing region in western China. Think about:

- locations of the bank, post office, bus station, subway station, supermarket, park, etc.
- distance between these places
- places to the north/south/east/west and how they connect to the town centre

2 Prepare questions to ask other pairs about their plans.

Běibian　Nánbian　Dōngbian　Xībian yǒu shénme
北边 ／ 南边 ／ 东边 ／西边 有 什么？

Dìtiězhàn　lí　chāoshì　yuǎn bù yuǎn
地铁站 离 超市 远 不 远？

Yǒu méiyǒu gōngyuán
有 没有 公园？

Yínháng zài nǎli　Zěnme qù
银行 在 哪里？怎么 去？

3 Present your plan to the class. Answer questions from your classmates, and vote for the best plan.

▶ Turn to pages 154 and 160 for more speaking practice.

Cultural Corner

How far is really far?

Just as in the West, Chinese people often prefer to gauge distance in terms of how long it takes to get somewhere, rather than describing it in terms of metres, kilometres or miles. If you were to ask "How far is it from Beijing to Shanghai?" in China, people would generally not answer "About 1,000 kilometres." Instead, they would say, "Two hours by plane" or "About ten hours by train". Because long-distance train journeys are very common in China, more than in most other countries, describing distance in terms of hours spent on the train is widely and easily understood.

Character writing

These are two common radicals in Chinese. Do you know any other characters with the same radicals?

Radicals	Meaning	Examples
木	tree	楼, 机
彳	step	往, 行

1 Look at the characters and identify the radicals.

样　很　林　德

2 Match the words with the meanings.

lóu
1 楼　　　　a bank

shǒujī
2 手机　　　b towards

yínháng
3 银行　　　c building

wǎng
4 往　　　　d mobile phone

3 Trace the characters in the boxes.

楼

机

行

往

Review and practice

1 Circle the odd word out.

　　dōngbian　xībian　běibian　zhèlǐ
1 东边　　西边　　北边　　这里
　　chāoshì　fùjìn　gōngyuán　yínháng
2 超市　　附近　　公园　　银行

2 Put the words in the correct order to make sentences.

　　yǒu yínháng méiyǒu fùjìn
1 有 / 银行 / 没有 / 附近 /?
　　nánbian dìtiězhàn gōngyuán yī ge yǒu de
2 南边 / 地铁站 / 公园 / 一个 / 有 / 的 /。
　　de yóujú yínháng běibian zài
3 的 / 邮局 / 银行 / 北边 / 在 /。
　　chāoshì méiyǒu qiánbian
4 超市 / 没有 / 前边 /。

3 Match the questions with the answers.

　　Chāoshì lí yīyuàn yuǎn ma
1 超市 离 医院 远 吗？
　　Yóujú zài nǎli
2 邮局 在 哪里？
　　Dàxué fùjìn yǒu shūdiàn ma
3 大学 附近 有 书店 吗？
　　zhèlǐ de jiāotōng fāngbiàn ma
4 这里 的 交通 方便 吗？

　　Yǒu zài qiánbian
a 有，在 前边。
　　Fùjìn yǒu dìtiězhàn hěn fāngbiàn
b 附近 有 地铁站，很 方便。
　　Bù yuǎn
c 不 远。
　　Yóujú zài shūdiàn de běibian
d 邮局 在 书店 的 北边。

4 Write sentences with 在 and 有/没有 using the words in the boxes.

shūdiàn　yóujú	dōngbian　xībian
书店　邮局	东边　西边
gōngyuán　chāoshì	nánbian　běibian
公园　超市	南边　北边
dìtiězhàn　yínháng	qiánbian　hòubian
地铁站　银行	前边　后边

Wǒ jiā de dōngbian yǒu yī ge chāoshì
我 家 的 东边 有 一 个 超市。
Chāoshì zài wǒ jiā de dōngbian
超市 在 我 家 的 东边。

Lesson 3　Unit 9　113

Vocabulary extension

Draw a map of your neighbourhood. Use the places you have learnt in this unit and the places below.

shāngdiàn 商店	shop	jǐngchájú 警察局	police station
kāfēidiàn 咖啡店	café	lǚguǎn 旅馆	hotel
yàodiàn 药店	pharmacy	jiànshēnfáng 健身房	gymnasium

Now work in pairs. Ask and answer questions about your maps.

A: 你家 附近 有 没有 _____？
    Nǐ jiā fùjìn yǒu méiyǒu

B: 没有。/ 有，在 _____。
    Méiyǒu   Yǒu zài

Vocabulary list

哪儿	nǎr	pron.	where
楼	lóu	n.	building, storey
怎么	zěnme	pron.	how
走	zǒu	v.	walk, go
路人	lùrén	n.	passerby
邮局	yóujú	n.	post office
后边	hòubian	n.	back
往	wǎng	prep.	towards
南边	nánbian	n.	south
离	lí	v.	away from
这儿	zhèr	pron.	here
对	duì	adj.	right, correct
银行	yínháng	n.	bank
附近	fùjìn	n./adj.	vicinity, nearby
前边	qiánbian	n.	front
分钟	fēnzhōng	n.	minute
左右	zuǒyòu	n.	about
出租	chūzū	v.	rent out, lease
房子	fángzi	n.	flat, house
近	jìn	adj.	near

东边	dōngbian	n.	east
宿舍	sùshè	n.	dormitory
西边	xībian	n.	west
地铁站	dìtiězhàn	n.	subway station
北边	běibian	n.	north
交通	jiāotōng	n.	transportation
方便	fāngbiàn	adj.	convenient
联系	liánxì	v./n.	contact
南京	Nánjīng	n.	Nanjing
平方米	píngfāngmǐ	measure word	square metre
饭馆	fànguǎn	n.	restaurant
先生	xiānsheng	n.	Mr.
洗手间	xǐshǒujiān	n.	toilet, washroom
商店	shāngdiàn	n.	shop
咖啡店	kāfēidiàn	n.	café
药店	yàodiàn	n.	pharmacy
警察局	jǐngchájú	n.	police station
旅馆	lǚguǎn	n.	hotel
健身房	jiànshēnfáng	n.	gymnasium

UNIT 10

Zuò huǒchē ba
坐火车吧。

Let's take the train.

LESSON | 1

Vocabulary and listening

1 Match the pictures with the words for means of transport.

zuò gōnggòng qìchē
1 坐 公共 汽车   f

qí zìxíngchē
2 骑自行车   e

zuò chūzūchē
3 坐 出租车   c

zuò dìtiě
4 坐 地铁   a

zuò huǒchē
5 坐 火车   b

zuò fēijī
6 坐 飞机   d

Now listen and say the words.

2 Work in pairs. Tell each other what means of transport you would take to these places.

Běijīng
1 北京

xuéxiào
2 学校

péngyou de jiā
3 朋友 的 家

gòuwù zhōngxīn
4 购物 中心

shopping centre
purchase items (formal)

3 Listen to the conversation.

Yeong-min and Steve are making plans to go shopping at the weekend.

Yǒngmín   Shǐdìfū   nǐ de tīxù zài nǎli   maoyi
永民：史蒂夫，你的T恤 在 哪里

mǎi de   Bù tài hǎokàn   hěn piaoliang
买 的？不 太 好看！

Shǐdìfū   xiexie   Shì ma   Zhè shì wǒ zuì xǐhuan de
史蒂夫：是 吗？这 是 我 最 喜欢 的

tīxù   wǒ   wǒ hěn xǐhuan tā de yánsè
T恤，我 很 喜欢 它 的 颜色。

Yǒngmín   Nǐ xūyào yīxiē xīn yīfu
永民：你 需要 一些 新 衣服。

Wǒmen yìqǐ qù gòuwù zhōngxīn
我们 一起 去 购物 中心

mǎi ba
买 吧。

Shǐdìfū   Shì bù shì zài Sānlǐtún?   Lundun
史蒂夫：是 不 是 在 三里屯？

Yǒngmín   Shì
永民：是。

Shǐdìfū   Zěnme qù   Zuò gōnggòng qìchē   ditie
史蒂夫：怎么 去？坐 公共 汽车

háishi zuò chūzūchē   huoche
还是 坐 出租车？

Unit 10   Lesson 1

xiāfàn – simple meal

Yǒngmín 永民:	Zuò dìtiě ba, (chūzūchē) dìtiě fāngbiàn yīdiǎnr. 坐 地铁 吧，地铁 方便 一点儿。
Shǐdìfū 史蒂夫:	Hǎo. 好。 *wǒmen xiànzài yīqǐ qù ba*
Yǒngmín 永民:	Xīngqīliù háishi Xīngqītiān qù? 星期六 还是 星期天 去? *hěn hǎo*
Shǐdìfū 史蒂夫:	Xīngqīliù ba. 星期六 吧。
Yǒngmín 永民:	Hǎo. Ránhòu wǒmen qù chī wǎnfàn, hǎo ma? 好。然后 我们 去 吃 晚饭，好 吗?
Shǐdìfū 史蒂夫:	Dāngrán hǎo! Nàli yǒu shénme fànguǎn? 当然 好！那里 有 什么 饭馆?
Yǒngmín 永民:	Nàli yǒu Yìdàlì cāntīng, yě yǒu Rìběn cāntīng. 那里 有 意大利 餐厅，也 有 日本 餐厅。
Shǐdìfū 史蒂夫:	Wǒmen chī Yìdàlìcài ba. 我们 吃 意大利菜 吧。
Yǒngmín 永民:	Hǎo. Wǒ zuì xǐhuan chī Yìdàlìcài! 好。我 最 喜欢 吃 意大利菜！

生词 New words

tā 它	it	háishi 还是	or (in a question)
yánsè 颜色	colour	chūzūchē 出租车	taxi
xūyào 需要	need	ránhòu 然后	then
yīxiē 一些	some	dāngrán 当然	of course
Sānlǐtún 三里屯	Sanlitun, a place in Beijing	Yìdàlì 意大利	Italy
zuò 坐	take (a vehicle)	cāntīng 餐厅	restaurant
gōnggòng qìchē 公共 汽车	bus		

4 Listen again and answer the questions. (2-32)

1 Shǐdìfū de tīxù hǎokàn ma
   史蒂夫 的 T恤 好看 吗?
2 Xīngqīliù Yǒngmín hé Shǐdìfū qù nǎli
   星期六 永民 和 史蒂夫 去 哪里?
3 Tāmen qù mǎi shénme
   他们 去 买 什么?
4 Tāmen zěnme qù
   他们 怎么 去?
5 Yǒngmín zuì xǐhuan chī shénme
   永民 最 喜欢 吃 什么?

5 Complete Steve's notes about the shopping trip.

Hé Yǒngmín yīqǐ gòuwù
和 永民 一起 购物

dìfang
地方 (place): ☐

shíjiān
时间: ☐

jiāotōng
交通: ☐

wǎnfàn
晚饭: ☐

6 Work in pairs. Act out the conversation in Activity 3 using different places and means of transport.

Lesson 1 Unit 10 ● 117

Pronunciation and speaking

Difference between "q" and "ch"

1 Say the words aloud.

q		ch	
qī 七	qù 去	chī 吃	chē 车
qǐng 请	qún 裙	chàng 唱	chū 出

Now listen and repeat.

2 Say the tongue twister.

Chuān le qúnzi zuò chūzūchē qù chī qīngcài
穿 了 裙子 坐 出租车 去 吃 青菜！

Now listen and repeat.

3 Write answers to the questions.

1 Nǐ qù nǎli
   你 去 哪里？

2 Nǐ zuò shénme chē qù
   你 坐 什么 车 去？

Now work in pairs and say the conversations.

4 Listen and say the words.

1 zài 在   zuò 坐   zuì 最

2 zěnme 怎么   háishi 还是   dāngrán 当然

3 chūzūchē 出租车   dìtiě 地铁   gōnggòng qìchē 公共 汽车

5 Work in pairs. You are going shopping downtown. Choose the best way to get there.

A: Wǒmen _____ qù háishi _____ qù?
   我们 _____ 去还是 _____ 去？

B: Wǒmen _____ qù.
   我们 _____ 去。

A: Wǒmen _____ qù, hǎo ma?
   我们 _____ 去，好吗？

B: Hǎo ba. / Bù, wǒmen _____ qù.
   好吧。/ 不，我们 _____ 去。

6 Work in groups. Find out how your group members go to various places and complete the table.

A: Nǐ zěnme qù xuéxiào
   你 怎么 去 学校？

B: Wǒ zuò gōnggòng qìchē qù.
   我 坐 公共 汽车 去。

A: Nǐ zuò gōnggòng qìchē háishi zuò dìtiě qù shàngbān
   你 坐 公共 汽车 还是 坐 地铁 去 上班？

B: Wǒ zuò dìtiě qù.
   我 坐 地铁 去。

	Student 1	Student 2	Student 3
xuéxiào 学校			
gōngzuò 工作			
yīyuàn 医院			
chāoshì 超市			

CHINESE TO GO

Saying goodbye to people going on a journey

Yīlù-shùnfēng
一路顺风！   Have a good trip!

Zhùyì ānquán
注意 安全！   Safety first!

Zhù nǐ yīlù-píng'ān
祝你 一路平安。   Have a safe trip.

LESSON | 2

Reading and writing

1 Check the activities you like to do during the holidays.

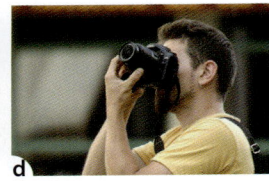

a ☐ zuò chuán yóulǎn
坐 船 游览

b ☐ páshān
爬山

c ☐ lǚxíng
旅行

d ☐ pāizhào
拍照

2 Read Anna and Wang Yu's plan for a trip.

Now answer the questions.

1 Ānnà hé Wáng Yù qù nǎli lǚxíng
  安娜 和 王 玉 去 哪里 旅行？

2 Tāmen zěnme qù
  她们 怎么 去？

3 Tāmen gēn shéi yīqǐ qù
  她们 跟 谁 一起 去？

4 Tāmen yào zuò yīxiē shénme huódòng
  她们 要 做 一些 什么 活动？

生词 New words

lǚxíng 旅行	travel	chuán 船	boat
shǔjià 暑假	summer holiday	yóulǎn 游览	go sightseeing
jiàqī 假期	holiday	páshān 爬山	climb a mountain
dì-yī gè 第一个	the first	pāizhào 拍照	take photos
Guìlín 桂林	Guilin	cānguān 参观	visit (a place)
huǒchē 火车	train	jǐngdiǎn 景点	scenic site

lǚxíng shíjiān shǔjià jiàqī de dì-yī
旅行时间：暑假（假期 的 第一
gè xīngqī
个 星期）

qù nǎli Guìlín
去哪里：桂林

zěnme qù zuò huǒchē fāngbiàn piányi
怎么 去：坐 火车 (方便、便宜)

yào qǐng de rén Shǐdìfū hé Mǎkè
要 请 的 人：史蒂夫和马克

zuò shénme zuò chuán yóulǎn gòuwù
做 什么：坐 船 游览、购物、
páshān pāizhào cānguān
爬山、拍照、参观
yǒumíng de jǐngdiǎn
有名 的 景点

Lesson 2 Unit 10 119

3 Complete Wang Yu's email to Steve and Mark.
Wang Yu is inviting Steve and Mark on the trip.

```
返回  回复  回复全部  转发  删除
```

Shǐdìfū hé Mǎkè
史蒂夫 和 马克：

Nǐmen hǎo
你们 好！

Ānnà hé wǒ yào qù Guìlín
安娜 和 我 要 去 桂林 ＿＿＿＿＿。

Wǒmen zuò   qù   Wǒmen yào zuò chuán
我们 坐 ＿＿＿＿＿ 去。我们 要 坐 船

yóulǎn   gòu wù   hé
游览、购物、＿＿＿＿、＿＿＿＿ 和

           Shǐdìfū hé Mǎkè   nǐmen
＿＿＿＿＿。史蒂夫 和 马克，你们

lái   hǎo ma
＿＿＿＿＿ 来，好 吗？

                              Wáng Yù
                                王 玉

4 Write the means of transport Anna and Wang Yu should take from their hotel in Guilin to do the following activities.

pá shān   bāshí gōnglǐ
1 爬山   80 公里 (km)

zuò chuán yóulǎn   shíliù gōnglǐ
2 坐 船 游览   16 公里

qù gòuwù zhōngxīn   yī gōnglǐ
3 去 购物 中心   1 公里

qù yǒumíng de fànguǎn wǔ gōnglǐ
4 去 有名 的 饭馆   5 公里

Language in use

Alternative questions with háishi 还是

1 Look at the conversations.

Nǐ jiào Shǐdìfū háishi Mǎkè
A: 你 叫 史蒂夫 还是 马克？

Wǒ jiào Shǐdìfū
B: 我 叫 史蒂夫。

Tā shì nǐ jiějie háishi nǐ mèimei
A: 她 是 你 姐姐 还是 你 妹妹？

Wǒ mèimei
B: 我 妹妹。   tā shì wǒde mèimei

Wǒmen zuò chūzūchē háishi dìtiě
A: 我们 坐 出租车 还是 地铁？

Zuò dìtiě ba
B: 坐 地铁 吧。

Now check the two correct explanations.

☐ 1 还是 is used to join two alternatives in questions.
☐ 2 还是 means "and".
☐ 3 When the same verb is used before and after 还是, the second verb can be left out.

2 Complete the sentences using 还是 and the phrases in brackets.

Nǐ shì   Zhōngguórén Rìběnrén
1 你 是 ＿＿＿＿＿（中国人 / 日本人）？

Tā zuò   gōnggòng qìchē dìtiě
2 她 坐 ＿＿＿＿＿（公共 汽车 / 地铁）？

Wǒmen   kàn diànyǐng tīng yīnyuè
3 我们 ＿＿＿＿＿（看 电影 / 听 音乐）？

Jīntiān shì   wǔ hào liù hào
4 今天 是 ＿＿＿＿＿（五 号 / 六 号）？

▶ Turn to page 169 for grammar reference.

120 ❀ Unit 10 Lesson 2

Questions ending with 好吗 (hǎo ma)

1 Look at the conversation.

A: 我们 去 购物，好吗？
   Wǒmen qù gòuwù hǎo ma

B: 好，去 哪里？
   Hǎo qù nǎli

A: 我们 去 三里屯，好吗？
   Wǒmen qù Sānlǐtún hǎo ma

B: 好。
   Hǎo

Now check the two correct explanations.

☐ 1 好吗 can be used at the end of a sentence to make a suggestion.

☐ 2 好吗 can be used at the end of a sentence to ask for an opinion.

☐ 3 We use 好吗 to respond to suggestions.

2 Check the sentences that can have 好吗 added at the end to make questions.

☐ 1 九 号 是 我 爸爸 的 生日。
    Jiǔ hào shì wǒ bàba de shēngrì

☐ 2 我们 星期六 去。
    Wǒmen Xīngqīliù qù

☐ 3 我们 坐 地铁。
    Wǒmen zuò dìtiě

Expressing superlatives with 最 (zuì)

1 Look at the phrases.

最 喜欢 like the most   最 好 the best
zuì xǐhuan   zuì hǎo

最 漂亮 the most beautiful
zuì piàoliang

Now check the two correct explanations.

☐ 1 最 is used to express superlatives.

☐ 2 最 can be used before a verb or an adjective.

☐ 3 最 can be used both before and after the verb or adjective.

2 Write a sentence about yourself using 最.

▶ Turn to page 169 for grammar reference.

Using the particle 吧 (ba)

1 Look at the sentences.

我们 坐 火车 去 吧。 Let's take the train.
Wǒmen zuò huǒchē qù ba

走 吧。 Let's go.
Zǒu ba

史蒂夫，你 来 吧。 Steve, you come.
Shǐdìfū nǐ lái ba

你们 坐 飞机 来 吧。 You could come here by air.
Nǐmen zuò fēijī lái ba

Now check the two correct explanations.

☐ 1 吧 can be used to indicate commands or suggestions.

☐ 2 吧 is used to ask for opinions.

☐ 3 吧 is used at the end of a sentence.

2 Complete the conversations using 吧 and the words in brackets.

1 A: 我们 怎么 去 购物 中心？
     Wǒmen zěnme qù gòuwù zhōngxīn

  B: _____。（公共 汽车）
                      gōnggòng qìchē

2 A: 我们 几点 去 超市？
     Wǒmen jǐdiǎn qù chāoshì

  B: _____。（现在）
                      xiànzài

3 A: _____。（一起，银行）
                      yīqǐ yínháng

  B: 对不起，我 没有 时间，你 去 吧。
     Duìbuqǐ wǒ méiyǒu shíjiān nǐ qù ba

▶ Turn to page 170 for grammar reference.

Lesson 2 Unit 10 121

LESSON 3

Communication activity

1 **Work alone.**

You work as a volunteer on a project called "Experiencing China". The project organizes trips for students in your local area. Choose one of the four places below and plan a trip. Include:

- the dates for the trip
- one place to go
- the activities for the tour

Shànghǎi
上海

Guìlín
桂林

Běijīng
北京

Sānyà
三亚

2 Work in groups. Talk about the different choices you thought about in Activity 1. Make suggestions using 好吗 and 吧.

       Shǔjià qù Zhōngguó hǎo ma
A: 暑假 去 中国，好 吗？
       Hǎo qù nǎli
B: 好，去 哪里？
       Qù Shànghǎi hǎo ma
A: 去 上海，好 吗？
       Háishi qù Guìlín ba   Nàli yǒu hěn duō jǐngdiǎn
B: 还是 去 桂林 吧。那里 有 很 多 景点。

3 **Tell the class about your plan for the trip.**

▶ Turn to pages 154 and 160 for more speaking practice.

Cultural Corner

China—a kingdom of bicycles

China is known to many as the "kingdom of bicycles". With its 10 million bicycles, Beijing has the largest number of bicycles of any city in the world. In a city with over 13 million people, 2.4 million can be found riding their bicycles to work every day. During rush hour, the roads teem with thousands of bikes, and car drivers need to be skilful at navigating their way through the congested roads.

For many Chinese people, especially those living in rural areas, bicycles are their main means of transport. This contrasts with Western countries where bike-riding is often a form of physical exercise rather than a vital or sole means of transport.

In cities all over China, parking areas for bicycles can be seen everywhere on the streets. And as times change, electric bikes are becoming more popular too.

Character writing

These are two common radicals in Chinese. Do you know any other characters with the same radicals?

Radicals	Meaning	Examples
又	again	观，对
饣	eat	饭，馆

1 Look at the characters and identify the radicals.

发　饮　友　饥

2 Match the words with the meanings.

1 喜欢 xǐhuan　　a restaurant
2 对 duì　　b like
3 参观 cānguān　　c right, correct
4 饭馆 fànguǎn　　d visit

3 Trace the characters in the boxes.

欢
对
饭
馆

Review and practice

1 Match the words with the meanings.

1 爬山 páshān　　a together
2 一起 yīqǐ　　b cheap
3 旅行 lǚxíng　　c climb a mountain
4 便宜 piányi　　d travel

2 Complete the sentences with the words from Activity 1.

1 昨天 我 和 朋友 _____ 去 游泳。
　Zuótiān wǒ hé péngyou　　qù yóuyǒng
2 这 件 衣服 25 块，很 _____。
　Zhè jiàn yīfu èrshíwǔ kuài hěn
3 明天 我们 去 _____，好 吗？
　Míngtiān wǒmen qù　　hǎo ma
4 你 去 北京 _____ 吗？
　Nǐ qù Běijīng　　ma

3 Choose the best sentence to complete the conversations.

1 王 玉：_____
　Wáng Yù
　马克：好。
　Mǎkè　Hǎo
　a 我们 八点 去，好 吗？
　　Wǒmen bā diǎn qù hǎo ma
　b 我们 八点 去 还是 九点 去？
　　Wǒmen bā diǎn qù háishi jiǔ diǎn qù

2 王 玉：_____
　Wáng Yù
　马克：我 弟弟。
　Mǎkè　Wǒ dìdi
　a 他 是 你 弟弟 吗？
　　Tā shì nǐ dìdi ma
　b 他 是 你 哥哥 还是 你 弟弟？
　　Tā shì nǐ gēge háishi nǐ dìdi

3 王 玉：我们 去 哪里 吃饭？
　Wáng Yù Wǒmen qù nǎli chīfàn
　马克：_____
　Mǎkè
　a 我们 去 中餐馆 吧。
　　Wǒmen qù Zhōngcānguǎn ba
　b 我们 去 吃饭 吧。
　　Wǒmen qù chīfàn ba

Vocabulary extension

Look at the words in the box.

| jiāyóuzhàn 加油站 | petrol station | tíngchēchǎng 停车场 | car park |
| huǒchēzhàn 火车站 | railway station | fēijīchǎng 飞机场 | airport |

Now write the words under the appropriate signs.

Vocabulary list

它	tā	pron.	it
颜色	yánsè	n.	colour
需要	xūyào	v.	need
一些	yìxiē	quantifier	some
三里屯	Sānlǐtún	n.	Sanlitun, a place in Beijing
坐	zuò	v.	take (a vehicle)
公共汽车	gōnggòng qìchē	n.	bus
还是	háishi	conj.	or (in a question)
出租车	chūzūchē	n.	taxi
然后	ránhòu	conj.	then
当然	dāngrán	adv.	of course
意大利	Yìdàlì	n.	Italy
餐厅	cāntīng	n.	restaurant
旅行	lǚxíng	v./n.	travel
暑假	shǔjià	n.	summer holiay
假期	jiàqī	n.	holiday

第一个	dì-yī gè		the first
桂林	Guìlín	n.	Guilin
火车	huǒchē	n.	train
船	chuán	n.	boat
游览	yóulǎn	v.	go sightseeing
爬山	páshān	v.	climb a mountain
拍照	pāizhào	v.	take photos
参观	cānguān	v.	visit (a place)
景点	jǐngdiǎn	n.	scenic site
骑	qí	v.	ride (bicycle, etc)
自行车	zìxíngchē	n.	bicycle
飞机	fēijī	n.	aeroplane
加油站	jiāyóuzhàn	n.	petrol station
火车站	huǒchēzhàn	n.	railway station
停车场	tíngchēchǎng	n.	car park
飞机场	fēijīchǎng	n.	airport

UNIT 11

Wǒ huì tiàowǔ
我 会 跳 舞。

I can dance.

LESSON | 1

Vocabulary and listening

1 Match the names of sports with the pictures.

1 乒乓球 pīngpāngqiú
2 篮球 lánqiú
3 游泳 yóuyǒng
4 跳舞 tiàowǔ
5 网球 wǎngqiú
6 足球 zúqiú

Now listen and number the sports in the order you hear them.

生词 New words

zúqiú 足球	football	xīwàng 希望	hope
xiàge 下个	next	yíng 赢	win
xiǎng 想	think, want	wǎngqiú 网球	tennis
bǐsài 比赛	match, competition	huì 会	can, be able to
qiú 球	ball, ball game	tiàowǔ 跳舞	dance
duì 队	team	guo 过	indicator of past actions
Yīnggélán 英格兰	England	yóuyǒng 游泳	swim
tǐyùchǎng 体育场	stadium, sports ground		

2 Listen to the conversation.
Steve and Wang Yu are planning to do some exercise at the weekend.

史蒂夫: 王玉，你喜欢什么运动？
Shǐdìfū: Wáng Yù, nǐ xǐhuan shénme yùndòng

王玉: 我喜欢篮球，也喜欢足球。
Wáng Yù: Wǒ xǐhuan lánqiú yě xǐhuan zúqiú

史蒂夫: 下个月你想去看足球比赛吗？
Shǐdìfū: Xiàge yuè nǐ xiǎng qù kàn zúqiú bǐsài ma

王玉: 当然想！什么球队比赛？
Wáng Yù: Dāngrán xiǎng! Shénme qiúduì bǐsài

史蒂夫: 中国队和英格兰队，在我们大学附近的体育场。
Shǐdìfū: Zhōngguóduì hé Yīnggélán duì zài wǒmen dàxué fùjìn de tǐyùchǎng

王玉: 好，我跟你去看。我希望中国队赢！
Wáng Yù: Hǎo wǒ gēn nǐ qù kàn. Wǒ xīwàng Zhōngguóduì yíng

史蒂夫: 我希望英格兰队赢！
Shǐdìfū: Wǒ xīwàng Yīnggélán duì yíng

王玉: 这个周末你想去运动吗？
Wáng Yù: Zhège zhōumò nǐ xiǎng qù yùndòng ma

3 Listen again and check the true statements.

☐ 1 王玉 喜欢 打 篮球。
   Wáng Yù xǐhuan dǎ lánqiú

☐ 2 这个月 在 体育场 有 足球 比赛。
   Zhège yuè zài tǐyùchǎng yǒu zúqiú bǐsài

☐ 3 王玉 可以 跟 史蒂夫 去 看 足球 比赛。
   Wáng Yù kěyǐ gēn Shǐdìfū qù kàn zúqiú bǐsài

☐ 4 史蒂夫 不 会 打 网球。
   Shǐdìfū bù huì dǎ wǎngqiú

☐ 5 王玉 喜欢 跳舞。
   Wáng Yù xǐhuan tiàowǔ

☐ 6 他们 明天 下午 去 游泳。
   Tāmen míngtiān xiàwǔ qù yóuyǒng

4 Work in pairs. Act out the conversation in Activity 2 using different sports.

5 Listen and complete the table with the names of sports.

	xǐhuan 喜欢	bù xǐhuan 不 喜欢
Mǎkè 马克		
Yǒngmín 永民		
Ānnà 安娜		

Now work in pairs. Ask and answer questions about the facts in the table.

A: 马克 喜欢 什么 运动?
   Mǎkè xǐhuan shénme yùndòng

B: 他 喜欢……。
   Tā xǐhuan

A: 马克 不 喜欢 什么 运动?
   Mǎkè bù xǐhuan shénme yùndòng

B: 他 不 喜欢……。
   Tā bù xǐhuan

史蒂夫: 什么 运动?
Shǐdìfū   Shénme yùndòng

王玉: 我们 去 打 网球，好 吗?
Wáng Yù   Wǒmen qù dǎ wǎngqiú hǎo ma

史蒂夫: 对不起，我 不 会 打 网球，
Shǐdìfū   Duìbuqǐ wǒ bù huì dǎ wǎngqiú
但是 我 会 跳舞，我们
dànshì wǒ huì tiàowǔ wǒmen
一起 去 跳舞 吧。
yīqǐ qù tiàowǔ ba

王玉: 我 不 喜欢 跳舞，也 没 学过。
Wáng Yù   Wǒ bù xǐhuan tiàowǔ yě méi xuéguo

史蒂夫: 我们 去 游泳 怎么样?
Shǐdìfū   Wǒmen qù yóuyǒng zěnmeyàng

王玉: 好! 我 最 喜欢 游泳。
Wáng Yù   Hǎo Wǒ zuì xǐhuan yóuyǒng

史蒂夫: 我们 明天 早上 去，可以 吗?
Shǐdìfū   Wǒmen míngtiān zǎoshang qù kěyǐ ma

王玉: 我 早上 要 跑步，下午 去 吧。
Wáng Yù   Wǒ zǎoshang yào pǎobù xiàwǔ qù ba

史蒂夫: 好，明天 见。
Shǐdìfū   Hǎo míngtiān jiàn

Lesson 1 Unit 11 127

Pronunciation and speaking

Difference between "zh" and "ch"

1 Say the words aloud.

	zhè	zhù	zhāng
zh	这	住	张
ch	chē 车	chū 出	cháng 长

Now listen and repeat.

2 Listen and check the words you hear.

1 ☐ a 只 (zhǐ) ☐ b 吃 (chī)
2 ☐ a 真 (zhēn) ☐ b 陈 (chén)
3 ☐ a 赵 (zhào) ☐ b 超 (chāo)

Now listen again and say the words.

3 Listen and say the words.

1 pǎobù 跑步   tiàowǔ 跳舞   yóuyǒng 游泳
2 yùndòng 运动   bǐsài 比赛   qiúduì 球队
3 xiǎng 想   huì 会   xīwàng 希望

4 Work in pairs. Ask and answer questions using the words in brackets.

1 A: Wǒ jiějie shì yīshēng 我姐姐是医生。
   B: _____ (我哥哥，也) wǒ gēge, yě
2 A: Qǐngwèn fùjìn yǒu méiyǒu xǐshǒujiān 请问附近有没有洗手间？
   B: _____ (有) yǒu
3 A: Hǎo lǎoshī shì bù shì hǎo lǎoshī 郝老师是不是好老师？
   B: _____ (是) shì
4 A: Nǐ mǎile shénme 你买了什么？
   B: _____ (一条裤子) yī tiáo kùzi

5 Work in pairs. Talk about whether you can play and if you like playing the sports below.

pīngpāngqiú 乒乓球   lánqiú 篮球
tiàowǔ 跳舞   yóuyǒng 游泳

A: Nǐ huì ...... ma 你会……吗？
B: Wǒ huì / Wǒ bù huì 我会。/ 我不会。
A: Nǐ xǐhuan ...... ma 你喜欢……吗？
B: Wǒ xǐhuan / Wǒ bù xǐhuan 我喜欢……。/ 我不喜欢……。

6 Work with another pair. Tell them if your partner in Activity 5 can play and likes playing the different sports.

...... (不) 会……, 他/她 (不) 喜欢……。
bù huì, tā tā bù xǐhuan

CHINESE TO GO

Encouraging people

Jiāyóu
加油! Come on!

Bié fàngqì
别放弃! Don't give up!

Nǐ néng xíng
你能行! You can do it!

Jiānchí jiù shì shènglì
坚持就是胜利!
Perseverance leads to success.

LESSON | 2

Reading and writing

1 Work in pairs. Discuss which of these sports you have tried.

a bèngjí
蹦极

b huáxuě
滑雪

c chōnglàng
冲浪

d qiánshuǐ
潜水

2 Read Mark's questionnaire and answer the questions.

1 Mǎkè huì shénme yùndòng
马克会 什么 运动？

2 Mǎkè měi xīngqī zuò duōshao gè xiǎoshí yùndòng
马克 每 星期 做 多少 个 小时 运动？

3 Tā hé shéi yīqǐ zuò yùndòng
他和谁 一起做 运动？

4 Tā zài nǎli zuò yùndòng
他在哪里做 运动？

生词 New words

xiūxián 休闲	leisure	huáxuě 滑雪	ski
wènjuàn 问卷	questionnaire	qiánshuǐ 潜水	dive
xìngbié 性别	gender	bèngjí 蹦极	bungee jump
nán 男	male	qítā 其他	others, other
tī 踢	play (with feet), kick	xiǎoshí 小时	hour
pīngpāngqiú 乒乓球	table tennis	shíhou 时候	time
chōnglàng 冲浪	surf		

---

xuésheng yùndòng hé xiūxián wènjuàn
学生 运动 和 休闲 问卷

xìngmíng Mǎkè   niánlíng shíjiǔ suì
姓名：马克   年龄：19 岁
xìngbié nán   guójí Àodàlìyà
性别：男   国籍：澳大利亚

Nǐ huì shénme yùndòng
你会 什么 运动？

tī zúqiú   chōnglàng
踢 足球 ☑   冲浪   ☑
yóuyǒng   huáxuě
游泳   ☑   滑雪   ☐
dǎ lánqiú   qiánshuǐ
打 篮球 ☑   潜水   ☐
dǎ pīngpāngqiú   bèngjí
打 乒乓球 ☐   蹦极   ☐
qítā
其他   ☐

Nǐ měi xīngqī zuò duōshao gè xiǎoshí yùndòng
你每星期做 多少 个 小时 运动？

☐ 0   ☐ 1-2   ☐ 3-4   ☑ 5-10

Nǐ shénme shíhou zuò yùndòng
你什么时候做 运动？

Měi tiān xiàwǔ wǔ diǎn
每天 下午五点。

Nǐ hé shéi yīqǐ zuò yùndòng
你和谁 一起做 运动？

Hé péngyou yīqǐ zuò
和 朋友一起做。

Nǐ zài nǎli zuò yùndòng
你在哪里做 运动？

       jiāli   xuéxiào   tǐyùchǎng
☐ 家里   ☐ 学校   ☑ 体育场

Lesson 2 Unit 11 129

3 Answer the questionnaire using your own information.

4 Write a blog post about your favourite sports and recreational activities.

wǒ de xiūxián yùndòng
我的休闲运动

主页 | 博客 | 相册 | 档案 | 互动 | Next

Wǒ de míngzi shì _____, jīnnián
我的名字是 _____，今年
_____ suì. Wǒ shì _____ rén,
_____ 岁。我是 _____ 人,
xiànzài zhù zài _____. Wǒ
现在住在 _____。我
huì _____, _____, yě huì
会 _____，_____，也会
_____. Wǒ měitiān yùndòng
_____。我每天运动
_____, hé _____ yīqǐ
_____，和 _____ 一起
yùndòng
运动。

分享 | 评论 (16) | 阅读 (476) | 固定链接 | 发表于 15:36

Language in use

Using modal verbs 可以 / 会 (kěyǐ / huì)

1 Look at the sentences.

Subject	Predicate			
	Modal verb	Adverbial	Verb	Object
Wǒ 我	kěyǐ 可以		shuō 说	Yīngyǔ 英语。
Mǎkè 马克	kěyǐ 可以	gēn nǐ 跟你	qù 去。	
Nǐ 你	kěyǐ 可以	yīqǐ 一起	qù 去。	

Now check the two correct explanations.

☐ 1 可以 can be used to talk about ability and possibility.

☐ 2 可以 can be used to talk about permission.

☐ 3 可以 can be used to talk about obligation.

2 Look at the sentences.

Tā huì yóuyǒng ma
她会游泳吗？
Does she know how to swim?

Tā huì tiàowǔ
他会跳舞。
He knows how to dance.

Wǒmen huì chàng Zhōngwéngē
我们会唱中文歌。
We can sing Chinese songs.

Now check the two correct explanations.

☐ 1 会 means an ability to do something.

☐ 2 会 is used to ask for permission.

☐ 3 会 is usually followed by a verb.

3 Complete the sentences with 可以 or 会.

1 Nǐ ____ qù tā de shēngrì pàiduì
  你 _____ 去 他 的 生日 派对。

2 Wǒ ____ chàng Zhōngwéngē
  我 _____ 唱 中文歌。

3 Tā ____ dǎ wǎngqiú
  她 _____ 打 网球。

4 Nǐ ____ tiàowǔ ma
  你 _____ 跳舞 吗?

5 Zhè tiáo qúnzi zhēn piányi, nǐ ____ mǎi
  这 条 裙子 真 便宜，你 _____ 买。

▶ Turn to page 170 for grammar reference.

Pivotal sentences

1 Look at the sentences.

Subject	Predicate			
	Verb 1 (pivotal verb)	Object 1	Verb 2	Object 2
Wǒ 我	xīwàng 希望	Zhōngguóduì 中国队	yíng 赢。	
Shǐdìfū 史蒂夫	qǐng 请	Wáng Yù 王玉	chī 吃	Zhōngcān 中餐。
Mǎkè 马克	qǐng 请	Ānnà 安娜	kàn 看	diànyǐng 电影。

Now check the two correct explanations.

☐ 1 In a pivotal sentence, the object of the first verb functions as the subject of the second verb.

☐ 2 A pivotal verb must always come after another verb.

☐ 3 Pivotal sentences can be used to express an invitation or wish.

2 Write a pivotal sentence using 请 or 希望。

▶ Turn to page 170 for grammar reference.

Talking about past actions with guo 过

1 Look at the sentences.

Tā qùguo Yìdàlì
她 去过 意大利。   She has been to Italy.

Tā xuéguo Zhōngwén
她 学过 中文。   She has studied Chinese.

Wǒ chīguo Rìběncài
我 吃过 日本菜。   I have had Japanese food.

Now check the two correct explanations.

☐ 1 过 is always used with a verb.
☐ 2 过 is usually followed by a noun.
☐ 3 过 cannot be used in the past perfect tense.

2 Look at the sentences.

Tā méi qùguo Yìdàlì
她 没 去过 意大利。   She has not been to Italy.

Tā méi xuéguo Zhōngwén
她 没 学过 中文。   She has never studied Chinese.

Wǒ méi chīguo Rìběncài
我 没 吃过 日本菜。   I have never had Japanese food.

Now check the two correct explanations.

☐ 1 没 means "not".
☐ 2 没 can be used before the subject.
☐ 3 没 can be placed after a noun or pronoun.

3 Put the words in the correct order to make sentences.

1 Guìlín qù tā guo
  桂林 / 去 / 他 / 过 /。

2 diànyǐng guo kàn tā zhège
  电影 / 过 / 看 / 她 / 这个 /。

3 guo zuò hùshi tā méi
  过 / 做 / 护士 / 她 / 没 /。

4 méi Yìdàlìcài guo tā chī
  没 / 意大利菜 / 过 / 他 / 吃 /。

▶ Turn to page 170 for grammar reference.

Lesson 2 Unit 11 131

LESSON | 3

Communication activity

1 **Work in groups.**
You work for a local school which runs various after-school and weekend classes. You are working with your colleagues on an advertisement to promote the classes. Plan the following:

- bān
  班 (classes)
- rìqī   hé shíjiān
  日期 (dates) 和 时间
- xuésheng niánlíng
  学生 年龄
- shàngkè dìdiǎn
  上课 地点 (class venue)
- xuéfèi
  学费 (fees)

Include the following information:

- directions to the school
- number of students in each class

2 **Design your advertisement.**

3 **Present your advertisement to the class.**

Now ask and answer questions about the advertisement.

Qù xuéxiào zěnme zǒu
去 学校 怎么 走？

Měi bān yǒu duōshao gè xuésheng
每 班 有 多少 个 学生？

▶ Turn to pages 155 and 161 for more speaking practice.

Cultural Corner

Dance: a popular pastime

If you go to a park early in the morning in any city in China, you'll probably see a lot of people dancing to music. Dancing, as a form of exercise and relaxation, has become an important part of everyday life for many people. Apart from traditional Chinese dances such as folk dancing and *Yangge*, western dances such as ballroom dancing are also very popular. Men and women may dance as couples or in groups. Women, particularly older women, often dance together.

Character writing

These are two common radicals in Chinese. Do you know any other characters with the same radicals?

Radicals	Meaning	Examples
王	jade	班
钅	metal	钟

1 Look at the characters and identify the radicals.

理 望 钱 铁

2 Match the words with the meanings.

1 价钱 (jiàqian)   a football
2 现在 (xiànzài)   b bank
3 足球 (zúqiú)   c now
4 银行 (yínháng)   d price

3 Trace the characters in the boxes.

现
球
银
钱

Review and practice

1 Match the words with the meanings.

1 游泳 (yóuyǒng)   a jogging
2 篮球 (lánqiú)   b table tennis
3 跑步 (pǎobù)   c swimming
4 乒乓球 (pīngpāngqiú) d tennis
5 网球 (wǎngqiú)   e basketball

2 Match the questions with the answers.

1 你今天晚上想看电影吗？(Nǐ jīntiān wǎnshang xiǎng kàn diànyǐng ma)
2 你喜欢什么运动？(Nǐ xǐhuan shénme yùndòng)
3 请问，附近有没有体育场？(Qǐngwèn, fùjìn yǒu méiyǒu tǐyùchǎng)

a 有，在银行后边。(Yǒu, zài yínháng hòubian)
b 我喜欢打篮球。(Wǒ xǐhuan dǎ lánqiú)
c 对不起，今天晚上我要工作。(Duìbuqǐ, jīntiān wǎnshang wǒ yào gōngzuò)

3 Complete the conversation with the words in the box.

duìbuqǐ	yīqǐ	bǐsài	pǎobù	zěnmeyàng
对不起	一起	比赛	跑步	怎么样

马克 (Mǎkè): 我们明天早上一起去_____，好吗？(Wǒmen míngtiān zǎoshang yīqǐ qù _____, hǎoma)

史蒂夫 (Shǐdìfū): _____，明天早上我要工作。(_____, míngtiān zǎoshang wǒ yào gōngzuò)

马克 (Mǎkè): 明天下午_____？(Míngtiān xiàwǔ _____)

史蒂夫 (Shǐdìfū): 下午我要去看足球_____。(Xiàwǔ wǒ yào qù kān zúqiú _____)

马克 (Mǎkè): 我可以_____去吗？(Wǒ kěyǐ _____ qù ma)

史蒂夫 (Shǐdìfū): 可以。(Kěyǐ)

Lesson 3 Unit 11 133

Vocabulary extension

Look at the sports.

qūgùnqiú
曲棍球 hockey

páiqiú
排球 volleyball

bàngqiú
棒球 baseball

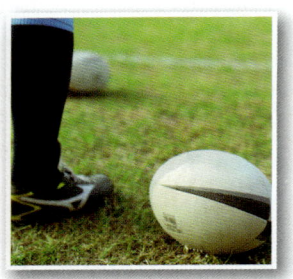

gǎnlǎnqiú
橄榄球 rugby

Now work in pairs. Ask and answer questions about each other's favourite sports.

　　　　Nǐ xǐhuan dǎ bàngqiú ma
A: 你喜欢 打 棒球 吗？

　　Wǒ bù xǐhuan dǎ bàngqiú wǒ xǐhuan
B: 我 不 喜欢 打 棒球， 我 喜欢……

Vocabulary list

足球	zúqiú	n.	football
下个	xiàge		next
想	xiǎng	v.	think, want
比赛	bǐsài	n.	match, competition
球	qiú	n.	ball, ball game
队	duì	n.	team
英格兰	Yīnggélán	n.	England
体育场	tǐyùchǎng	n.	stadium, sports ground
希望	xīwàng	v.	hope
赢	yíng	v.	win
网球	wǎngqiú	n.	tennis
会	huì	v.	can, be able to
跳舞	tiàowǔ	v.	dance
过	guo		indicator of past actions
游泳	yóuyǒng	v.	swim
休闲	xiūxián	n./v.	leisure, have leisure
问卷	wènjuàn	n.	questionnaire

性别	xìngbié	n.	gender
男	nán	n.	male
踢	tī	v.	play (with feet), kick
乒乓球	pīngpāngqiú	n.	table tennis
冲浪	chōnglàng	v.	surf
滑雪	huáxuě	v.	ski
潜水	qiánshuǐ	v.	dive
蹦极	bèngjí	v.	bungee jump
其他	qítā	pron.	others, other
小时	xiǎoshí	n.	hour
时候	shíhou	n.	time
曲棍球	qūgùnqiú	n.	hockey
棒球	bàngqiú	n.	baseball
排球	páiqiú	n.	volleyball
橄榄球	gǎnlǎnqiú	n.	rugby

UNIT 12

Wǒmen qù kàn jīngjù
我们去看京剧。

We're going to the Beijing opera.

LESSON | 1

Vocabulary and listening

1 Match the words with the pictures.

1 香港 (Xiānggǎng) a
2 京剧 (jīngjù) c
3 新加坡 (Xīnjiāpō) b
4 音乐会 (yīnyuèhuì) d

Now listen and say the words.

2 Listen to the conversation.
Anna, Steve and Yeong-min are discussing their holiday plans.

安娜 (Ānnà): 永民，史蒂夫，假期你们打算做什么？
(Yǒngmín, Shǐdìfū, jiàqī nǐmen dǎsuan zuò shénme?)

永民 (Yǒngmín): 我每个假期都去旅行。
(Wǒ měi gè jiàqī dōu qù lǚxíng.)

史蒂夫 (Shǐdìfū): 我也打算去旅行，或者回家。
(Wǒ yě dǎsuan qù lǚxíng, huòzhě huí jiā.)

安娜 (Ānnà): 别回家了，太远了！我们一起去旅行，好吗？
(Bié huí jiā le, tài yuǎn le! Wǒmen yīqǐ qù lǚxíng, hǎo ma?)

史蒂夫 (Shǐdìfū): 去什么地方？新加坡还是香港？
(Qù shénme dìfang? Xīnjiāpō háishi Xiānggǎng?)

永民 (Yǒngmín): 当然是香港，我喜欢香港。
(Dāngrán shì Xiānggǎng, wǒ xǐhuan Xiānggǎng.)

安娜 (Ānnà): 新加坡太远了，去香港吧。
(Xīnjiāpō tài yuǎn le, qù Xiānggǎng ba.)

Zài nàli wǒmen kěyǐ gòuwù yě
在那里我们可以购物，也
kěyǐ tīng yīnyuèhuì
可以听音乐会。

Shǐdìfū: Nàme wǒmen qù Xiānggǎng ba
史蒂夫：那么我们去香港吧。

Yǒngmín: Wǒmen zěnme qù? Zuò fēijī háishi
永民：我们怎么去？坐飞机还是
zuò huǒchē
坐火车？

Ānnà: Dāngrán shì zuò fēijī, fēijī hěn
安娜：当然是坐飞机，飞机很
fāngbiàn
方便。

Yǒngmín: Huí Běijīng yǐhòu wǒmen kěyǐ qù
永民：回北京以后我们可以去
kàn jīngjù
看京剧。

Shǐdìfū: Tài hǎo le, wǒ zuì xǐhuan kàn jīngjù
史蒂夫：太好了，我最喜欢看京剧。

生词 New words

dǎsuan 打算	plan	Xiānggǎng 香港	Hong Kong
huòzhě 或者	or (in a statement)	nàme 那么	then, so
huí 回	go back	fēijī 飞机	aeroplane
bié 别	do not	yǐhòu 以后	after
dìfang 地方	place	jīngjù 京剧	Beijing opera
Xīnjiāpō 新加坡	Singapore		

3 Listen again and check the correct answers.

1 Ānnà Yǒngmín hé Shǐdìfū yào qù shénme dìfang
安娜、永民和史蒂夫要去什么地方？
☐ a 北京 Běijīng
☑ b 香港 Xiānggǎng
☐ c 新加坡 Xīnjiāpō

2 Tāmen jiàqī bù dǎsuan zuò shénme
他们假期不打算做什么？
☐ a 看京剧 kàn jīngjù
☐ b 听音乐会 tīng yīnyuèhuì
☑ c 爬山 páshān

3 Tāmen dǎsuan zěnme qù Xiānggǎng
他们打算怎么去香港？
☐ a 坐火车 zuò huǒchē
☐ b 坐地铁 zuò dìtiě
☑ c 坐飞机 zuò fēijī

4 Work in groups of three and act out the conversation in Activity 2. Create your own plans for the coming holiday.

Pronunciation and speaking

Sentence intonation

1 Listen to the sentences. Notice the intonation.

1 Wǒmen míngtiān qù, hǎo ma?
  我们 明天 去,好吗? ↗

2 Jiàqī wǒ xiǎng qù gōngzuò.
  假期我 想 去 工作。↘

3 Wǒ dǎsuan qù lǚxíng, nǐ ne?
  我 打算 去旅行,你呢? ↗

4 Xīnjiāpō tài yuǎn le.
  新加坡太 远 了。↘

Now listen again and say the sentences. Make sure you use the correct intonation.

2 Read the sentences aloud.

1 Wǒmen yīqǐ qù lǚxíng, hǎo ma?
  我们 一起 去 旅行,好 吗?

2 Wǒmen kěyǐ qù kàn jīngjù.
  我们 可以 去 看 京剧。

3 Wǒ jiào Wáng Yù, nǐ ne?
  我 叫 王 玉,你呢?

4 Wǒ zuì xǐhuan tīng yīnyuèhuì.
  我 最 喜欢 听 音乐会。

Now listen and repeat.

3 Listen and say the words.

	jiàqī	dǎsuan	huíjiā
1	假期	打算	回家
	yǐhòu	dāngrán	huòzhě
2	以后	当然	或者
	lǚxíng	yīnyuèhuì	jīngjù
3	旅行	音乐会	京剧

4 Work in pairs.

Student A: Think of an activity you plan to do on holiday.

Student B: Ask Student A questions about the activity he or she wants to do.

A: Nǐ jiàqī dǎsuan zuò shénme
   你 假期 打算 做 什么?

B: Wǒ dǎsuan
   我 打算……

A: Nǐ dǎsuan qù shénme dìfang
   你 打算 去 什么 地方?

B: Wǒ dǎsuan qù
   我 打算 去……

A: Nǐ hé shéi yīqǐ qù
   你 和 谁 一起 去?

B: Wǒ
   我……

Now change roles.

CHINESE TO GO

Expressions for travellers

Wǒ yào dìng piào / dìng fángjiān
我要订票/订房间。
I want to book a ticket/room.

Wǒ yào tuì piào / gǎiqiān
我要退票/改签。
I want to get a refund/change a ticket.

LESSON | 2

Reading and writing

1 Match the pictures with the names of the cities.

1 Shànghǎi 上海
2 Běijīng 北京
3 Xī'ān 西安
4 Guǎngzhōu 广州

a
b
c
d

2 Read Wang Yu's online messages with Bob and Peter, her friends in the UK.

2-52

生词 New words

jīnnián 今年	this year	Xī'ān 西安	Xi'an
nián 年	year	yīnggāi 应该	should
hǎowán 好玩	fun	Bīngmǎyǒng 兵马俑	Terracotta Warriors
shuō 说	say	piàoliang 漂亮	pretty
zhǐ 只	only	chéngshì 城市	city
juéde 觉得	think, feel	qiān 千	thousand
bān 班	measure word	lìshǐ 历史	history
cóng 从	from	zhǔyi 主意	idea

Wang Yu

Bob
Jīnnián jiàqī wǒ dǎsuan qù Zhōngguó lǚxíng.
今年 假期 我 打算 去 中国 旅行。
Zhōngguó hǎowán de dìfang hěn duō, dànshì wǒ
中国 好玩 的 地方 很 多, 但是 我
zhǐ kěyǐ qù yī gè dìfang. Péngyou shuō Shànghǎi
只 可以 去 一 个 地方。 朋友 说 上海
hé Běijīng dōu hěn bùcuò. Nǐmen juéde ne?
和 北京 都 很 不错。你们 觉得 呢?

Wang Yu
Qù Běijīng ba. Měi tiān dōu yǒu liǎng bān fēijī
去 北京 吧。 每 天 都 有 两 班 飞机
cóng Yīngguó dào Běijīng, hěn fāngbiàn.
从 英国 到 北京, 很 方便。

Peter
Xī'ān shì wǒ zuì xǐhuan de dìfang, wǒ juéde
西安 是 我 最 喜欢 的 地方, 我 觉得
nǐ yīnggāi qù Xī'ān. Nǐ kěyǐ kàn Bīngmǎyǒng.
你 应该 去 西安。 你 可以 看 兵马俑。
Wáng Yù, nǐ juéde yīnggāi qù Xī'ān ma?
王玉, 你 觉得 Bob 应该 去 西安 吗?

Wang Yu
Xī'ān shì yī gè hěn piàoliang de chéngshì, yǒu
西安 是 一 个 很 漂亮 的 城市, 有
jǐ qiān nián de lìshǐ.
几 千 年 的 历史。

Bob
Hǎo zhǔyi, wǒ xǐhuan lìshǐ. Xī'ān bùcuò.
好 主意, 我 喜欢 历史。 西安 不错。
Wǒ zěnme qù Xī'ān ne?
我 怎么 去 西安 呢?

Wang Yu
Nǐ kěyǐ zuò fēijī.
你 可以 坐 飞机。

关闭 (C)   发送 (S)

Lesson 2 Unit 12 139

3 Check the true statements.

☐ 1 Bob 只可以去一个地方旅行。
   zhǐ kěyǐ qù yī gè dìfang lǚxíng

☐ 2 每星期都有两班飞机
   Měi xīngqī dōu yǒu liǎng bān fēijī
   从英国到北京。
   cóng Yīngguó dào Běijīng

☐ 3 兵马俑在北京。
   Bīngmǎyǒng zài Běijīng

☐ 4 西安有几千年的历史。
   Xī'ān yǒu jǐ qiān nián de lìshǐ

4 Answer Wang Yu's questions.

👩 Wang Yu

我想去你住的城市旅行。
Wǒ xiǎng qù nǐ zhù de chéngshì lǚxíng

那里有什么好玩的地方吗?
Nàli yǒu shénme hǎowán de dìfang ma

👤 _____

我住的城市很 _____,
Wǒ zhù de chéngshì hěn

这里有很多 _____。
zhèli yǒu hěn duō

你可以在这里 _____,
Nǐ kěyǐ zài zhèli

也可以_____。
yě kěyǐ

你可以 _____ 或者 _____。
Nǐ kěyǐ   huòzhě

关闭(C) 发送(S)

Language in use

Expressing alternatives using 或者 / 还是
huòzhě háishi

1 Look at the sentences.

我们今天去或者明天去。
Wǒmen jīntiān qù huòzhě míngtiān qù
We go today or tomorrow.

我们今天去还是明天去?
Wǒmen jīntiān qù háishi míngtiān qù
Do we go today or tomorrow?

他是中国人或者韩国人。
Tā shì Zhōngguórén huòzhě Hánguórén
He is Chinese or Korean.

他是中国人还是韩国人?
Tā shì Zhōngguórén háishi Hánguórén
Is he Chinese or Korean?

Now check the two correct explanations.

☐ 1 Both 还是 and 或者 are used to express alternatives.

☐ 2 Both 还是 and 或者 can be used in questions.

☐ 3 或者 can only be used in statements.

2 Write answers to the questions. Use 或者 and the words in brackets.

1 假期你打算做什么?（旅行、工作）
  Jiàqī nǐ dǎsuan zuò shénme *lǚxíng gōngzuò*

2 马克想学什么?（京剧、网球）
  Mǎkè xiǎng xué shénme *jīngjù wǎngqiú*

▶ Turn to page 170 for grammar reference.

Expressing regular events with 每…… 都……

1 Look at the sentences.

Adverbial (Time)	Subject	Adverbial (Time)	Predicate		
			Adverb	Verb	Object
	Wǒ 我	měi nián 每年	dōu 都	qù 去	lǚxíng 旅行。
Měi nián 每年	wǒ 我		dōu 都	qù 去	lǚxíng 旅行。
	Shǐdìfū 史蒂夫	měi gè zhōumò 每个周末	dōu 都	kàn 看	diànyǐng 电影。
Měi gè zhōumò 每个周末	Shǐdìfū 史蒂夫		dōu 都	kàn 看	diànyǐng 电影。
	Mǎkè 马克	měi nián jiàqī 每年假期	dōu 都	huí 回	jiā 家。
Měi nián jiàqī 每年假期	Mǎkè 马克		dōu 都	huí 回	jiā 家。

Now check the two correct explanations.

☐ 1 每 …… 都 …… indicates regular events.

☐ 2 都 can appear before the adverbial time phrase.

☐ 3 The subject of the sentence can appear before or after the adverbial time phrase.

2 Put the words in the correct order to make sentences.

1 měi gè 每个 / Mǎkè 马克 / dǎ lánqiú 打篮球 / Xīngqīsān 星期三 / dōu 都 /。

2 měi tiān 每天 / xué 学 / Zhōngwén 中文 / dōu 都 / Shǐdìfū 史蒂夫 / shàngwǔ 上午 /。

▶ Turn to page 171 for grammar reference.

Lesson 2　Unit 12　141

LESSON | 3

Communication activity

1 Work in two groups.

Group A: You work in a travel agency which specializes in action-packed holidays.
Group B: You and your family and/or friends want to go on a package tour to China. You want an active and interesting holiday.

Look at the three package tours. Prepare or answer questions about:

- when the tour begins/ends
- the kinds of activities/places of interest
- transport to and around the place

2 Talk to as many travel agents or potential customers as possible.

3 Group B vote for the travel agency which offers the best deal.

▶ Turn to pages 155 and 161 for more speaking practice.

Cultural Corner

Chinese Kung Fu

Chinese martial arts, popularly known in English as kung fu, form one of the best-known examples of traditional Chinese culture. The principles of kung fu were inspired by various Chinese philosophies, as well as myths and legends, and the traits of animals. Some training styles focus on the mind, or "qi" power, and are called "internal", while others concentrate on improving muscle and cardiovascular fitness and are labelled "external". Even though kung fu is often seen in films and literature, and practised by millions, it takes many years of study, and only a few highly trained people truly master kung fu.

Shàolínsì gōngfu
少林寺 功夫！
- xué gōngfu
  学 功夫！
- páshān
  爬山！
- yóulǎn jǐngdiǎn
  游览 景点！

Xiānggǎng de Zhōngguó yīnyuè hé yìshù
香港 的 中国 音乐和艺术！
- xué Zhōngguó yīnyuè
  ★ 学 中国 音乐！
- xué shūfǎ
  ★ 学 书法！
- chī Zhōngcān
  ★ 吃 中餐！

Nèiménggǔ zhìyuànzhě xiàlìngyíng
内蒙古 志愿者 夏令营
- bāngzhù háizimen xué Yīngyǔ
  ■ 帮助 孩子们 学 英语！
- hé háizimen yīqǐ yùndòng pīngpāngqiú zúqiú
  ■ 和孩子们 一起 运动（乒乓球、足球）！
- yóulǎn jǐngdiǎn
  ■ 游览 景点！

Character writing

These are two common radicals in Chinese. Do you know any other characters with the same radicals?

Radicals	Meaning	Examples
竹	bamboo	篮，算
禾	grain	利，种

1 Look at the characters and identify the radicals.

笔　租　箱　程

2 Match the words with the meanings.

1 和 (hé)　　　　a plan
2 篮球 (lánqiú)　　b Hong Kong
3 打算 (dǎsuan)　　c and
4 香港 (Xiānggǎng)　d basketball

3 Trace the characters in the boxes.

算

篮

香

和

Review and practice

1 Circle the odd word out.

1　每天 (měi tiān)　每月 (měi yuè)　明天 (míngtiān)
2　或者 (huòzhě)　还是 (háishi)　和 (hé)
3　旅行 (lǚxíng)　打算 (dǎsuan)　想 (xiǎng)

2 Complete the sentences with 或者 or 还是.

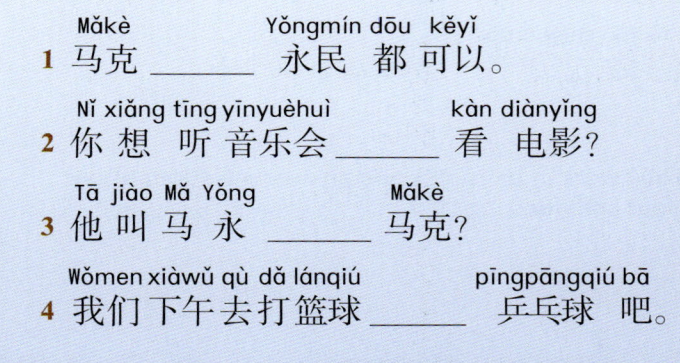

1　马克 _____ 永民 都 可以。
　　(Mǎkè　　　Yǒngmín dōu kěyǐ)
2　你 想 听 音乐会 _____ 看 电影？
　　(Nǐ xiǎng tīng yīnyuèhuì　　kàn diànyǐng)
3　他 叫 马 永 _____ 马克？
　　(Tā jiào Mǎ Yǒng　　Mǎkè)
4　我们 下午 去 打篮球 _____ 乒乓球 吧。
　　(Wǒmen xiàwǔ qù dǎ lánqiú　　pīngpāngqiú ba)

3 Put the words in the correct order to make sentences.

1　打算 / 旅行 / 王 玉 / 去 /。
　　(dǎsuan lǚxíng Wáng Yù qù)
2　每个 / 回家 / 他 / 都 / 假期 /。
　　(měi gè huí jiā tā dū jiàqī)
3　只 / 一个 / 去 / 我 / 地方 / 可以 /。
　　(zhǐ yī gè qù wǒ dìfang kěyǐ)
4　上海 / 她 / 喜欢 / 最 / 去 /。
　　(Shànghǎi tā xǐhuan zuì qù)

Lesson 3　Unit 12　143

Vocabulary extension

Check the activities you would like to do during the summer holiday. Think about the places you would like to go to.

☐ 实习 shíxí — work as an intern
☐ 打工 dǎgōng — do part-time work
☐ 野营 yěyíng — go camping
☐ 做 志愿者 zuò zhìyuànzhě — work as a volunteer

Now work in pairs. Ask and answer questions about your activities.

Vocabulary list

打算	dǎsuan	v.	plan
或者	huòzhě	conj.	or (in a statment)
回	huí	v.	go back
别	bié	adv.	do not
地方	dìfang	n.	place
新加坡	Xīnjiāpō	n.	Singapore
香港	Xiānggǎng	n.	Hong Kong
那么	nàme	conj.	then, so
飞机	fēijī	n.	aeroplane
以后	yǐhòu	n.	after
京剧	jīngjù	n.	Beijing opera
今年	jīnnián	n.	this year
年	nián	n.	year
好玩	hǎowán	adj.	fun
说	shuō	v.	say
只	zhǐ	adv.	only
觉得	juéde	v.	think, feel
班	bān	measure word	
从	cóng	prep.	from
西安	Xī'ān	n.	Xi'an
应该	yīnggāi	modal v.	should
兵马俑	Bīngmǎyǒng	n.	Terracotta Warriors
漂亮	piàoliang	adj.	pretty
城市	chéngshì	n.	city
千	qiān	num.	thousand
历史	lìshǐ	n.	history
主意	zhǔyi	n.	idea
广州	Guǎngzhōu	n.	Guangzhou
实习	shíxí	v.	work as an intern
打工	dǎgōng	v.	do part-time work
野营	yěyíng	v.	go camping
志愿者	zhìyuànzhě	n.	volunteer

Review 3

Vocabulary

1 Circle the odd word out.

	zúqiú	wǎngqiú	lánqiú	yóuyǒng
1	足球	网球	篮球	游泳

	dōngbian	qiánbian	běibian	nánbian
2	东边	前边	北边	南边

	shūdiàn	yínháng	yóujú	fùjìn
3	书店	银行	邮局	附近

	fēijī	huǒchē	dìtiě	dìfang
4	飞机	火车	地铁	地方

2 Look at the phrases in the box.

dǎ lánqiú	zuò gōnggòng qìchē
打 篮球	坐 公共 汽车
xué tiàowǔ	qù Shànghǎi
学 跳舞	去 上海

Now choose the correct verb to go with the nouns.

	dìtiě		wǎngqiú		Běijīng		jīngjù
1	地铁	2	网球	3	北京	4	京剧

3 Choose the correct pinyin for the words.

1 房子   a fángzǐ   b fángzi   c fánzi

2 旅行   a lǔxíng   b lǚxíng   c lǚqíng

3 好玩   a hǎowén   b hǎowǎn   c hǎowán

4 运动   a yùndòng b yùdòng   c yūndòng

5 怎么   a zěnme   b zènme   c zénme

6 觉得   a juéde   b quéde   c juéde

4 Complete the sentences with the words in the box.

fùjìn	bù cuò	xǐhuan
附近	不错	喜欢
jiāotōng	jiàqī	yīqǐ
交通	假期	一起

1 王玉，明天 我们 ＿＿＿ 去 爬山 吧。
 (Wáng Yù míngtiān wǒmen ___ qù páshān ba)

2 请问，＿＿＿ 有 地铁站 吗?
 (Qǐngwèn, ___ yǒu dìtiězhàn ma)

3 马克，你 ＿＿＿ 打篮球 吗?
 (Mǎkè, nǐ ___ dǎ lánqiú ma)

4 ＿＿＿ 你 打算 做 什么?
 (___ nǐ dǎsuan zuò shénme)

5 这儿的 ＿＿＿ 方便 吗?
 (Zhèr de ___ fāngbiàn ma)

6 上海 是 一个 很 ＿＿＿ 的 地方。
 (Shànghǎi shì yī gè hěn ___ de dìfang)

Grammar

1 Write questions for the answers using the words in the box.

zěnme	ma	shénme	nǎli
怎么	吗	什么	哪里

1 A: ＿＿＿＿＿＿＿＿
 B: 我 住 在 公园 路 43 号。
 (Wǒ zhù zài Gōngyuán Lù sìshísān hào)

2 A: ＿＿＿＿＿＿＿＿
 B: 我 的 电话 号码 是 95282664。
 (Wǒ de diànhuà hàomǎ shì)

3 A: ＿＿＿＿＿＿＿＿
 B: 是，她 是 我 姐姐。
 (Shì, tā shì wǒ jiějie)

4 A: ＿＿＿＿＿＿＿＿
 B: 我们 坐 地铁 去。
 (Wǒmen zuò dìtiě qù)

Review 3 ❖ 145

2 Match the parts to complete the sentences.

    Gōngyuán Lù zài yínháng de qiánbian
1 公园 路在 银行 的 前边,

    Fángzi zài dìtiězhàn fùjìn
2 房子 在 地铁站 附近,

    Wǒ jiā fùjìn yǒu gōnggòng qìchēzhàn
3 我 家 附近 有 公共 汽车站,

    Wǒ xǐhuan gòuwù
4 我 喜欢 购物,

    Wǒ xǐhuan chī Zhōngcān
5 我 喜欢 吃 中餐,

    Tā zǎoshang yào pǎobù
6 他 早上 要 跑步,

    Wǒmen zuò dìtiě qù
7 我们 坐 地铁 去

---

    tā xǐhuan chī Hánguócài
a 她 喜欢 吃 韩国菜。

    xiàwǔ yào tī zúqiú
b 下午 要 踢 足球。

    yóujú de hòubian
c 邮局 的 后边。

    tā xǐhuan zuò yùndòng
d 她 喜欢 做 运动。

    dànshì méiyǒu dìtiězhàn
e 但是 没有 地铁站。

    háishì zuò chūzūchē qù
f 还是 坐 出租车 去?

    jiāotōng hěn fāngbiàn
g 交通 很 方便。

3 Complete the conversation with the words in the box.

ba	hǎo ma	háishi
吧	好 吗	还是
qù	bù huì	dǎ
去	不会	打

    Nǐ xiǎng   yóuyǒng ma
A: 你 想 _____ 游泳 吗?

    Wǒ bù huì yóuyǒng
B: 我 不会 游泳 。

    Nàme wǒmen qù dǎ wǎngqiú
A: 那么 我们 去 打 网球, _____?

    Wǒ   dǎ wǎngqiú dànshì wǒ huì dǎ pīngpāngqiú
B: 我 _____ 打 网球, 但是 我 会 打 乒乓球。

    Hǎo wǒmen qù tǐyùchǎng   pīngpāngqiú
A: 好, 我们 去 体育场 _____ 乒乓球 。

    Wǒmen zuò gōnggòng qìchē qù   zuò dìtiě qù
B: 我们 坐 公共 汽车 去 _____ 坐 地铁 去?

    Wǒmen zuò dìtiě qù
A: 我们 坐 地铁 去 _____。

4 Write sentences about what you can and cannot do using the words in the box.

tiàowǔ	bèngjí	chōnglàng
跳舞	蹦极	冲浪
huáxuě	dǎ lánqiú	pāizhào
滑雪	打 篮球	拍照

1 _____

2 _____

3 _____

4 _____

5 _____

6 _____

Integrated skills

1 Listen to the conversation and complete the table.

dìdiǎn 地点 Places	jùlí 距离 Distance
gòuwù zhōngxīn 购物 中心	
cāntīng 餐厅	
jīchǎng 机场	

Now listen again and check the true statements.

☐ 1 Ānnà hé Wáng Yù yào qù Guìlín lǚxíng
   安娜和 王 玉要 去 桂林 旅行。

☐ 2 Ānnà bù xiǎng qù gòuwù zhōngxīn tā xiǎng
   安娜不 想 去购物 中心，她 想
   qù chāoshì
   去 超市。

☐ 3 Tāmen dǎsuan qù Rìběn cāntīng
   她们 打算 去 日本 餐厅。

☐ 4 Cāntīng fùjìn yǒu yīgè fúzhuāng shìchǎng
   餐厅 附近 有 一个 服装 市场。

☐ 5 Ānnà dǎsuan zuò chūzūchē qù jīchǎng
   安娜 打算 坐 出租车 去 机场。

☐ 6 Tāmen zuò gōnggòng qìchē qù jīchǎng
   她们 坐 公共 汽车 去 机场。

2 Read the map and answer the questions.

běi
北

chāoshì   yóujú
超市   邮局

dìtiězhàn   yínháng
地铁站   银行

1 Yóujú zài nǎli   Dìtiězhàn ne
  邮局 在 哪里？地铁站 呢？

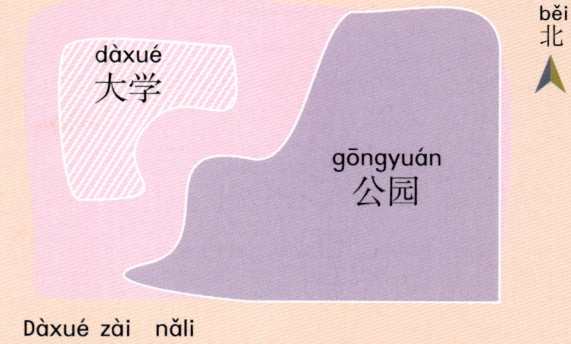

běi
北

dàxué
大学

gōngyuán
公园

2 Dàxué zài nǎli
  大学 在 哪里？

běi
北

chāoshì   yóujú
超市   邮局

fànguǎn   gōnggòng qìchēzhàn   dàxué
饭馆   公共 汽车站   大学

3 Gōnggòngqìchēzhàn zài nǎli Chāoshì ne
  公共 汽车站 在 哪里？超市 呢？

3 Read the passage.

Mǎkè xǐhuan yùndòng   Tā xǐhuan pǎobù
马克 喜欢 运动。他 喜欢 跑步、
dǎ lánqiú   tī zúqiú   hái xǐhuan yóuyǒng
打 篮球、踢 足球，还 喜欢 游泳，
dànshì tā bù xǐhuan dǎ pīngpāngqiú   Mǎkè
但是 他 不 喜欢 打 乒乓球。马克
měitiān dōu zuò yùndòng Zhège zhōumò tā
每天 都 做 运动。这个 周末，他
dǎsuan hé Shǐdìfū yīqǐ qù páshān ránhòu qù
打算 和史蒂夫一起 去 爬山，然后 去
cāntīng chī wǎnfàn   Mǎkè xǐhuan chī Zhōngcān
餐厅 吃 晚饭。马克 喜欢 吃 中餐，
dànshì Shǐdìfū xǐhuan chī Yìdàlìcài   Wǎnshang
但是 史蒂夫 喜欢 吃 意大利菜。 晚上
tāmen dǎsuan qù kàn diànyǐng
他们 打算 去 看 电影。

Review 3 147

Now answer the questions.

1 马克喜欢什么运动？
2 马克不喜欢什么运动？
3 马克每天都做什么？
4 马克这个周末打算做什么？
5 史蒂夫喜欢吃什么菜？

4 Put the words in the correct order to make sentences.

1 附近 / 邮局 / 没有 / 。
2 王玉 / 去旅行 / 打算 / 回家 / 或者 / 。
3 喜欢 / 马克 / 打篮球 / 游泳 / 还是 / ？
4 他们 / 坐 / 公共 汽车去 / 坐 地铁 去 / 还是 / ？
5 都 / 每个假期 / 回家 / 他 / 。

Enjoy Chinese

学

xué	学	learn
dàxué	大学	university
zhōngxué	中学	middle school
xiǎoxué	小学	primary school
xuéxiào	学校	school
xuésheng	学生	student

The original meaning of 学 is to learn or accept knowledge. Its ancient shape looks like a child learning mathematics in a house. The top part represents two hands doing mathematics, while the bottom represents a child in a house. 𦥑 is two hands. ⌂ indicates the roof of a house. ✕ refers to the things being counted, and 𠀎 is the child.

Language support

Numbers

0	líng 零	12	shí'èr 十二
1	yī 一	15	shíwǔ 十五
2	èr 二	20	èrshí 二十
3	sān 三	30	sānshí 三十
4	sì 四	40	sìshí 四十
5	wǔ 五	100	yībǎi 一百
6	liù 六	150	yībǎi wǔshí 一百五十
7	qī 七	200	èrbǎi 二百
8	bā 八	255	èrbǎi wǔshíwǔ 二百五十五
9	jiǔ 九	378	sānbǎi qīshíbā 三百七十八
10	shí 十	591	wǔbǎi jiǔshíyī 五百九十一
11	shíyī 十一	1000	yīqiān 一千

Months and days

January	Yīyuè 一月	Monday	Xīngqīyī 星期一
February	Èryuè 二月	Tuesday	Xīngqī'èr 星期二
March	Sānyuè 三月	Wednesday	Xīngqīsān 星期三
April	Sìyuè 四月	Thursday	Xīngqīsì 星期四
May	Wǔyuè 五月	Friday	Xīngqīwǔ 星期五
June	Liùyuè 六月	Saturday	Xīngqīliù 星期六
July	Qīyuè 七月	Sunday	Xīngqīrì tiān 星期日/天
August	Bāyuè 八月		
September	Jiǔyuè 九月		
October	Shíyuè 十月		
November	Shíyīyuè 十一月		
December	Shí'èryuè 十二月		

Measure words

Measure word	Pinyin	Main Use	Example
个	gè	individual things, people	yī gè rén 一个人
把	bǎ	objects that can be held	yī bǎ dāo 一把刀
杯	bēi	cups / glasses	yī bēi jiǔ 一杯酒
本	běn	books, magazines, printed matter	yī běn shū 一本书
口	kǒu	people in a family	yī jiā wǔ kǒu rén 一家五口人
双	shuāng	objects that naturally come in pairs	yī shuāng xié 一双鞋

Measure word	Pinyin	Main Use	Example
件	jiàn	clothing	yī jiàn chènshān 一件衬衫
辆	liàng	wheeled vehicles (cars, bicycles, etc)	yī liàng chē 一辆车
间	jiān	rooms	yī jiān fángzi 一间房子
块	kuài	pieces of something	yī kuài shítou 一块石头
页	yè	pages of a book	yī yè shū 一页书
些	xiē	unspecified numbers, some	yīxiē xuésheng 一些学生

Pair work activities for Student A

Unit 1

1 Introduce these people to Student B.

1. Lǐ Qīng 李青
2. Mary 
3. Jane 
4. Steve 

> Tā shì 他是……
> Tā shì 她是……

> Tā jiào 他叫……
> Tā jiào 她叫……

2 Listen to Student B and write the people's names.

5.
6.
7.
8.

3 Imagine you are at a friend's party. Greet each other, and introduce yourself. You can pretend to be one of the people above.

Unit 2

1 Ask Student B these people's nationalities.

1.
2.
3.
4.

___ ___ ___ ___

> Tā Tā shì nǎ guó rén
> 他/她 是 哪 国 人？

> Tā Tā shì rén ma
> 他/她 是……人 吗？

2 Tell Student B these people's nationalities.

5. Měiguórén 美国人 
6. Fǎguórén 法国人 
7. Jiānádàrén 加拿大人 
8. Déguórén 德国人

> Tā Tā shì rén
> 他/她 是……人。

> Shì tā tā shì rén
> 是，他/她 是……人。
> Bù tā tā bù shì rén
> 不，他/她 不 是……人。
> Tā Tā shì rén
> 他/她 是……人。

3 Imagine you are at a conference. Greet each other and tell each other where you are from. Introduce the people above to your partner.

150 Pair work Student A

Unit 3

1 Create identities for Kate and her family. Include:

- míngzi
  名字
- nǎ guó rén
  哪国人
- gōngzuò
  工作
- zhù zài nǎli
  住在哪里

bàba
爸爸

dìdi
弟弟

māma
妈妈

Kate

2 Answer Student B's questions about Kate and her family.

3 Ask Student B about Li Na and her family. Include:

- míngzi
  名字
- nǎ guó rén
  哪国人
- gōngzuò
  工作
- zhù zài nǎli
  住在哪里

Tā bàba zuò shénme gōngzuò?
她爸爸做什么工作?

Lǐ Nà de bàba jiào shénme míngzi?
李娜的爸爸叫什么名字?

Tā shì nǎ guó rén?
他是哪国人?

Tā zhù zài nǎli?
他住在哪里?

Unit 4

1 Create a Sina profile for Jane.

Jane

xìngmíng
姓名：

guójí
国籍：

chūshēngdì
出生地：

diànzǐ yóuxiāng
电子邮箱：

zuì xǐhuan de dòngwù
最喜欢的动物：

zuì xǐhuan de yùndòngyuán
最喜欢的运动员：

zuì xǐhuan de yǎnyuán
最喜欢的演员：

2 Answer Student B's questions about the profile that you have created.

3 Ask Student B about the profile that he/she has created. Write the information here.

David

xìngmíng
姓名：

guójí
国籍：

chūshēngdì
出生地：

diànzǐ yóuxiāng
电子邮箱：

zuì xǐhuan de dòngwù
最喜欢的动物：

zuì xǐhuan de yùndòngyuán
最喜欢的运动员：

zuì xǐhuan de yǎnyuán
最喜欢的演员：

Student A   Pair work   151

Unit 5

1 Fill in the form for a job interview.

xìngmíng
姓名：＿＿＿＿＿＿＿＿＿
niánlíng
年龄：＿＿＿＿＿＿＿＿＿
guójí
国籍：＿＿＿＿＿＿＿＿＿

diànhuà hàomǎ
电话 号码：＿＿＿＿＿＿
shǒujī hàomǎ
手机 号码：＿＿＿＿＿＿
dìzhǐ
地址：＿＿＿＿＿＿＿＿＿
diànzǐ yóuxiāng
电子 邮箱：＿＿＿＿＿＿

2 Answer Student B's questions using your own form.

3 Interview Student B for a job. Ask questions and complete the form.

xìngmíng
姓名：＿＿＿＿＿＿＿＿＿
niánlíng
年龄：＿＿＿＿＿＿＿＿＿
guójí
国籍：＿＿＿＿＿＿＿＿＿

diànhuà hàomǎ
电话 号码：＿＿＿＿＿＿
shǒujī hàomǎ
手机 号码：＿＿＿＿＿＿
dìzhǐ
地址：＿＿＿＿＿＿＿＿＿
diànzǐ yóuxiāng
电子 邮箱：＿＿＿＿＿＿

Unit 6

Ask Student B questions. Then complete the table and check the true statements.

Questions	Student B ...
Nǐ de shēngrì shì 你的 生日 是 jǐ yuè jǐ hào 几月几号？ ＿＿＿＿＿＿＿	Tā Tā de shēngrì shì 他/她 的 生日 是 ＿＿＿＿＿。
＿＿＿＿＿＿＿	Tā Tā suì 他/她 ＿＿＿＿＿ 岁。
＿＿＿＿＿＿＿	Tā Tā de diànhuà hàomǎ shì 他/她 的 电话 号码 是 ＿＿＿＿。
＿＿＿＿＿＿＿	Tā Tā de diànzǐ yóuxiāng shì 他/她 的 电子 邮箱 是 ＿＿＿＿。
＿＿＿＿＿＿＿	Tā Tā xǐhuan chī Fǎguócài 他/她 喜欢 吃 法国菜。 ☐
＿＿＿＿＿＿＿	Tā Tā Xīngqītiān bù xué Zhōngwén 他/她 星期天 不 学 中文。 ☐
＿＿＿＿＿＿＿	Tā Tā Xīngqīliù qù kàn diànyǐng 他/她 星期六 去 看 电影。 ☐
＿＿＿＿＿＿＿	Tā Tā bù xǐhuan Xīngqīyī 他/她 不 喜欢 星期一。 ☐
＿＿＿＿＿＿＿	Tā Tā Xīngqīwǔ wǎnshang qù pàiduì 他/她 星期五 晚上 去 派对。 ☐

Pair work   Student A

Unit 7

1 Answer the questions with your own information. Write your answers in the Student A column.

	Questions	Student A	Student B
1	Nǐ Xīngqīyī zǎoshang jǐ diǎn qǐchuáng (get up)? 你 星期一 早上 几点 起床 (get up)?		
2	Nǐ Xīngqītiān zǎoshang jǐ diǎn qǐchuáng? 你 星期天 早上 几点 起床?		
3	Nǐ Xīngqījǐ zuò yùndòng? 你 星期几 做 运动?		
4	Nǐ shénme shíjiān zuò yùndòng? 你 什么 时间 做 运动?		
5	Nǐ zuì xǐhuan chī shénme? 你 最 喜欢 吃 什么?		
6	Nǐ qù tīng yīnyuèhuì ma? 你 去 听 音乐会 吗?		
7	Nǐ zuì xǐhuan de yǎnyuán shì shéi? 你 最 喜欢 的 演员 是 谁?		
8	Nǐ yǒu bókè ma? 你 有 博客 吗?		
9	Nǐ shénme shíjiān xiě bókè? 你 什么 时间 写 博客?		

2 Ask Student B these questions and write his/her answers in the Student B column.

3 Compare the answers. How similar are your habits?

Unit 8

1 Decide the colour and price for the following clothes.

yánsè
颜色: _____

jiàgé
价格: _____

2 Answer Student B's questions about your clothes.

3 Ask Student B about these clothes items:

Nǐ yǒu ma
你有……吗?

Nǐ yǒu shénme yánsè de
你 有 什么 颜色 的……?

Duōshao qián
多少 钱?

Piányi yīdiǎnr ba
便宜 一点儿 吧。

Student A   Pair work   153

Unit 9

1 Ask Student B directions to these places and write on the map:

gōngyuán
公园

xǐshǒujiān
洗手间

chāoshì
超市

xuéxiào
学校

běi
北

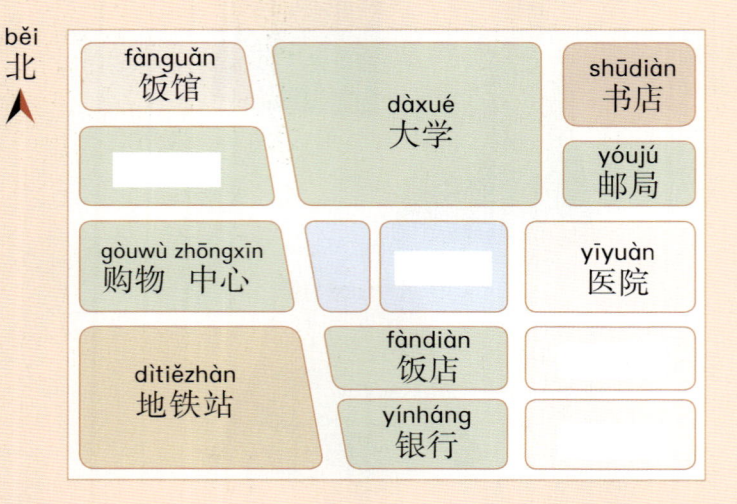

fànguǎn 饭馆	dàxué 大学	shūdiàn 书店
		yóujú 邮局
gòuwù zhōngxīn 购物 中心		yīyuàn 医院
dìtiězhàn 地铁站	fàndiàn 饭店	
	yínháng 银行	

2 Give Student B directions to the places he/she wants to go to.

Unit 10

1 Look carefully at the photos. You have 30 seconds to memorize as many of the details as you can.

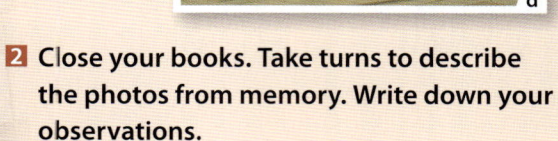

a

b

c

d

2 Close your books. Take turns to describe the photos from memory. Write down your observations.

Zhàopiàn li yǒu huángsè de chūzūchē
A: 照片 里 有 黄色 的 出租车……。

Zhàopiàn li yǒu
B: 照片 里有……。

3 Look at the photos. Compare who has the most correct observations.

Unit 11

1 Complete the sentences about yourself. Write three true sentences and three false sentences.

    Wǒ xǐhuan
1 我 喜欢 _____。(sports)

    Wǒ kànguo   bǐsài
2 我 看过 _____ 比赛。

    Wǒ měi xīngqī dōu
3 我 每 星期 都 _____。(sports)

    Wǒ bù xǐhuan
4 我 不 喜欢 _____。(sports)

    Wǒ qùguo
5 我 去过 _____。(place)

    Wǒ huì shuō
6 我 会 说 _____。(language)

2 Exchange sentences with Student B. Guess which of his/her sentences are false. Write a cross (×) after the false sentences.

3 Compare the results to see who got more correct guesses.

Unit 12

1 Ask Student B questions and complete the holiday plan.

> Jiàqī nǐ dǎsuan zuò shénme
> 假期 你 打算 做 什么？

Holiday Plan

	Name	Activity
1	Lǐ Hóng 李 红	
2	Jiéfū 杰夫	qù páshān 去 爬山。
3	Zhāng Míng 张 明	
4	Líndá 琳达	xué chōnglàng 学 冲浪。
5	Mǎtè 马特	
6	Lìli 丽丽	gēn jiějie yīqǐ qù nǎinai jiā 跟 姐姐一起 去 奶奶 家。
7	Bèisī 贝丝	
8	Fēibǐ 菲比	xiān shíxí ránhòu huíjiā 先 实习，然后 回家。

2 Answer Student B's questions using the holiday plan above.

Student A   Pair work

Pair work activities for Student B

Unit 1

1 Listen to Student A and write the people's names.

2 Introduce these people to Student A.

Jack Hey

Wáng Péng
王　鹏

Emma

Matt

Tā shì
他 是 ……

Tā shì
她 是 ……

Tā jiào
他 叫 ……

Tā jiào
她 叫 ……

3 Imagine you are at a friend's party. Greet each other, and introduce yourself. You can pretend to be one of the people above.

Unit 2

1 Tell Student A these people's nationalities.

Rìběnrén　　Yìndùrén　　Àodàlìyàrén　　Yīngguórén
日本人　　　印度人　　　澳大利亚人　　英国人

Tā tā shì　　rén
他/她 是 …… 人。

Shì tā tā shì　　rén
是，他/她 是 …… 人。

Bù tā tā bù shì　　rén　Tā tā shì　　rén
不，他/她 不 是 …… 人。他/她 是 …… 人。

2 Ask Student A these people's nationalities.

Tā Tā shì nàguó rén
他/她 是 哪国 人?

Tā Tā shì　　rén ma
他/她 是 …… 人 吗?

3 Imagine you are at a conference. Greet each other and tell each other where you are from. Introduce the people above to your partner.

156 ❀ Pair work　Student B

Unit 3

1 Create identities for Li Na and her family. Include:

- míngzi
  名字
- nǎ guó rén
  哪 国 人
- gōngzuò
  工作
- zhù zài nǎli
  住 在 哪里

dìdi 弟弟
bàba 爸爸
māma 妈妈
Lǐ Nà 李娜

2 Ask Student A about Kate and her family. Include:

- míngzi
  名字
- nǎ guó rén
  哪 国 人
- gōngzuò
  工作
- zhù zài nǎli
  住 在 哪里

de bàba jiào shénme míngzi
Kate 的爸爸 叫 什么 名字？

Tā bàba zuò shénme gōngzuò
她爸爸 做 什么 工作？

Tā shì nǎ guó rén
他是 哪 国 人？

Tā zhù zài nǎli
他住 在 哪里？

3 Answer Student A's questions about Li Na and her family.

Unit 4

1 Create a Sina profile for David.

David
xìngmíng
姓名：
guójí
国籍：
chūshēngdì
出生地：
diànzǐ yóuxiāng
电子 邮箱：

zuì xǐhuan de dòngwù
最喜欢的 动物：
zuì xǐhuan de yùndòngyuán
最喜欢的 运动员：
zuì xǐhuan de yǎnyuán
最喜欢的 演员：

2 Ask Student A about the profile that he/she has created. Write the information here.

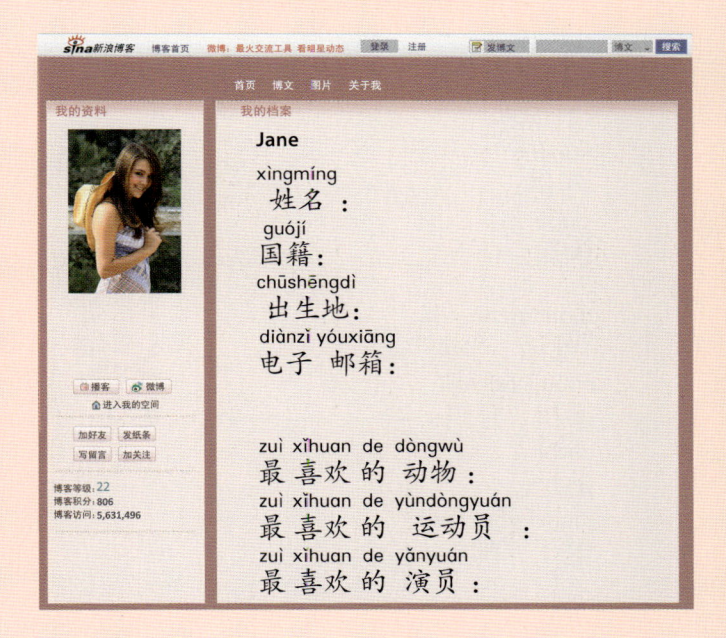

Jane
xìngmíng
姓名：
guójí
国籍：
chūshēngdì
出生地：
diànzǐ yóuxiāng
电子 邮箱：

zuì xǐhuan de dòngwù
最喜欢的 动物：
zuì xǐhuan de yùndòngyuán
最喜欢的 运动员：
zuì xǐhuan de yǎnyuán
最喜欢的 演员：

3 Answer Student A's questions about the profile that you have created.

Student B　Pair work　157

Unit 5

1 Fill in the form for a job interview.

xìngmíng
姓名 : _____
niánlíng
年龄 : _____
guójí
国籍: _____

diànhuà hàomǎ
电话 号码: _____
shǒujī hàomǎ
手机 号码: _____
dìzhǐ
地址: _____
diànzǐ yóuxiāng
电子 邮箱: _____

2 Interview Student A for a job. Ask questions and complete the form.

xìngmíng
姓名: _____
niánlíng
年龄: _____
guójí
国籍: _____

diànhuà hàomǎ
电话 号码: _____
shǒujī hàomǎ
手机 号码: _____
dìzhǐ
地址: _____
diànzǐ yóuxiāng
电子 邮箱: _____

3 Answer Student A's questions using your own form.

Unit 6

Ask Student A questions. Then complete the table and check the true statements.

Questions	Student A …
Nǐ de shēngrì shì jǐ yuè jǐ hào 你的 生日 是 几月几号？	Tā Tā de shēngrì shì 他/她的 生日 是 _____。
_____	Tā Tā suì 他/她 _____ 岁。
_____	Tā Tā de diànhuà hàomǎ shì 他/她的 电话 号码 是 _____。
_____	Tā Tā de diànzǐ yóuxiāng shì 他/她的 电子 邮箱 是 _____。
_____	Tā Tā xǐhuan chī Fǎguócài 他/她 喜欢 吃 法国菜。 ☐
_____	Tā Tā Xīngqītiān bù xué Zhōngwén 他/她 星期天 不 学 中文。 ☐
_____	Tā Tā Xīngqīliù qù kàn diànyǐng 他/她 星期六 去 看 电影。 ☐
_____	Tā Tā bù xǐhuan Xīngqīyī 他/她 不 喜欢 星期一。 ☐
_____	Tā Tā Xīngqīwǔ wǎnshang qù pàiduì 他/她 星期五 晚上 去 派对。 ☐

Unit 7

1 Answer the questions with your own information. Write your answers in the Student B column.

	Questions	Student A	Student B
1	Nǐ Xīngqīyī zǎoshang jǐ diǎn qǐchuáng (get up)? 你星期一早上几点起床 (get up)?		
2	Nǐ Xīngqītiān zǎoshang jǐ diǎn qǐchuáng 你星期天早上几点起床？		
3	Nǐ Xīngqījǐ zuò yùndòng 你星期几做运动？		
4	Nǐ shénme shíjiān zuò yùndòng 你什么时间做运动？		
5	Nǐ zuì xǐhuan chī shénme 你最喜欢吃什么？		
6	Nǐ qù tīng yīnyuèhuì ma 你去听音乐会吗？		
7	Nǐ zuì xǐhuan de yǎnyuán shì shéi 你最喜欢的演员是谁？		
8	Nǐ yǒu bókè ma 你有博客吗？		
9	Nǐ shénme shíjiān xiě bókè 你什么时间写博客？		

2 Ask Student A these questions and write his/her answers in the Student A column.

3 Compare the answers. How similar are your habits?

Unit 8

1 Decide the colour and price for the following clothes items.

yánsè
颜色：_____

jiàgé
价格：_____

2 Answer Student A's questions about your clothes items.

3 Ask Student A about these clothes:

Nǐ yǒu ma
你有……吗？

Nǐ yǒu shénme yánsè de
你有什么颜色的……？

Duōshao qián
多少钱？

Piányi yìdiǎnr ba
便宜一点儿吧。

Student B　Pair work　159

Unit 9

1 Give Student A directions to the places he/she wants to go to.

běi
北

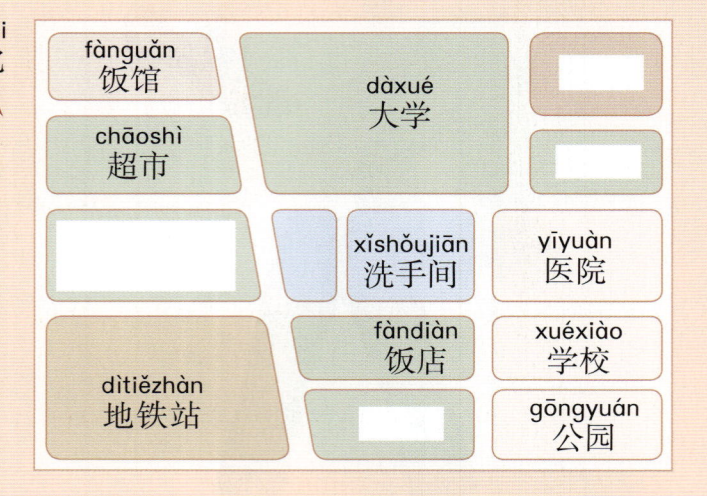

fànguǎn 饭馆	dàxué 大学	
chāoshì 超市		
	xǐshǒujiān 洗手间	yīyuàn 医院
	fàndiàn 饭店	xuéxiào 学校
dìtiězhàn 地铁站		gōngyuán 公园

2 Ask Student A directions to these places and write on the map above:

gòuwù zhōngxīn
购物 中心

yínháng
银行

yóujú
邮局

shūdiàn
书店

Unit 10

1 Look carefully at the photos. You have 30 seconds to memorize as many of the details as you can.

a

b

c

d

2 Close your books. Take turns to describe the photos from memory. Write down your observations.

A: Zhàopiàn li yǒu jǐ gè rén qí
   照片 里 有 几个人骑
   zìxíngchē
   自行车……。

B: Zhàopiàn li yǒu
   照片 里 有 ……。

3 Look at the photos. Compare who has the most correct observations.

Unit 11

1 Complete the sentences about yourself. Write three true sentences and three false sentences.

    Wǒ xǐhuan
1 我 喜欢 _____。(sports)

    Wǒ kànguo   bǐsài
2 我 看过 _____ 比赛。

    Wǒ měi xīngqī dōu
3 我 每 星期 都 _____。(sports)

    Wǒ bù xǐhuan
4 我 不 喜欢 _____。(sports)

    Wǒ qùguo
5 我 去过 _____。(place)

    Wǒ huì shuō
6 我 会 说 _____。(language)

2 Exchange sentences with Student A. Guess which of his/her sentences are false. Write a cross (✗) after the false sentences.

3 Compare the results to see who got more correct guesses.

Unit 12

1 Answer Student A's questions using the holiday plan.

Holiday Plan

	Name	Activity
1	Lǐ Hóng 李 红	tīng yīnyuèhuì 听 音乐会。
2	Jiéfū 杰夫	
3	Zhāng Míng 张 明	qù Xiānggǎng lǚxíng 去 香港 旅行。
4	Líndá 琳达	
5	Mǎtè 马特	zuò zhìyuànzhě 做 志愿者。
6	Lìli 丽丽	
7	Bèisī 贝丝	qù Guìlín lǚxíng 去 桂林 旅行。
8	Fēibǐ 菲比	

2 Ask Student A questions and complete the holiday plan above.

> Jiàqī nǐ dǎsuan zuò shénme
> 假期 你 打算 做 什么？

Student B   Pair work   161

Grammar reference

Unit 1

Word order of Chinese sentences (I)

A simple Chinese sentence is made up of two parts, the subject and the predicate. The predicate usually consists of a verb and an object.

Subject	Predicate	
	Verb	Object
Wǒ 我	shì 是	Wáng Yù 王玉。

I am Wang Yu.

This word order of subject-verb-object is similar to English.

Verbs 叫 姓 是 (jiào xìng shì)

When we use 叫 and 姓 as verbs, an object must follow.

Subject	Verb	Surname
Wǒ 我	xìng 姓	Zhāng 张。

My surname is Zhang.

Tā 他	xìng 姓	Lǐ 李。

His surname is Li.

Subject	Verb	Full name
Tā 他	jiào 叫	Zhāng Xiǎoxiǎo 张 小小。

He is called Zhang Xiaoxiao.

Tā 他	jiào 叫	Lǐ Lì 李力。

He is called Li Li.

不 can be used before 叫 and 姓 to express the negative form.

Wǒ bù xìng Wáng
我不姓王。   My surname is not Wang.

Wǒ bù jiào Lǐ Lì
我不叫李力。   I am not called Li Li.

是, the verb "be", is used to link two nominal expressions that refer to the same person or object.

Subject	Verb	Noun/ Pronoun/ Noun phrase
Wǒ 我	shì 是	lǎoshī 老师。

I am a teacher.

Tā 他	shì 是	Zhāng Míng 张 明。

He is Zhang Ming.

Questions ending with 呢 (ne)

The question particle 呢 is placed after a noun or pronoun to form a follow-up question meaning "how / what about". The speaker and the listener are assumed to know what the question refers to.

Preceding sentence	Follow-up question
Wǒ xìng Zhāng, 我姓张,	nǐ ne 你呢?

My surname is Zhang, what about you?

Tā xìng Zhāng, 他姓张,	tā ne 她呢?

His surname is Zhang, what about her?

Nǐ shì xuésheng, 你是学生,	tā ne 他呢?

You are a student, what about him?

Wǒ shì xuésheng, 我是学生,	Zhāng Míng ne 张 明呢?

I'm a student, what about Zhang Ming?

Unit 2

Yes-no questions ending with 吗 (ma)

吗 is usually used at the end of a declarative sentence to form a yes-no question. The word order remains unchanged.

Preceding sentence	ma	Answer
Nǐ shì Mǎkè 你是马克	ma 吗?	Shì, Wǒ shì Mǎkè 是,我是马克。

Are you Mark?   Yes, I'm Mark.

Tā xìng Lǐ 他姓李	ma 吗?	Shì, tā xìng Lǐ 是,他姓李。

Is his surname Li?   Yes, his surname is Li.

Nǐ shì xuésheng 你是学生	ma 吗?	Shì, wǒ shì xuésheng 是,我是学生。

Are you a student?   Yes, I'm a student.

Tā shì Zhōngguórén 她是中国人	ma 吗?	Bù, tā bù shì Zhōngguórén 不,她不是中国人。

Is she Chinese?   No, she is not Chinese.

162 Grammar reference

Questions with interrogative pronoun 哪里 / 哪

哪里 (where) and 哪 (which) are interrogative pronouns. They have the same position in sentences as the answers, that is to say, the word order in the question is the same as in the corresponding statement.

Nǐ zhù zài nǎli 你 住 在 哪里？	Where do you live?
Wǒ zhù zài Lúndūn 我 住 在 伦敦。	I live in London.
Nǐ shì nǎ guó rén 你 是 哪 国 人？	Which country are you from?
Wǒ shì Yīngguórén 我 是 英国人 。	I am British.

Negative adverb 不

不 is a negative adverb when it is used alone or before the predicate.

Subject	Adverb	Predicate
Tā 他	bù 不	xìng Zhāng 姓 张。
His surname is not Zhang.		
Wǒ 我	bù 不	shì Yīngguórén 是 英国人。
I'm not British.		

不 can also be used in a rhetorical question to confirm a fact.

Nǐ bù xìng Zhāng ma 你 不 姓 张 吗？	Is your surname not Zhang?

Unit 3

Adverbs 也 / 都

The adverb 也 means "also" or "too". It is used after the subject and before the verb.

Subject	Predicate		
	Adverb	Verb	Noun/Noun Phrase
Wǒ 我	yě 也	xìng 姓	Wáng 王。
My surname is also Wang.			
Tā 他	yě 也	shì 是	xuésheng 学生。
He is also a student.			

也 cannot be used before the subject, nor at the very end of a sentence.

The adverb 都 is similar to 也 in usage.

Subject	Predicate		
	Adverbial	Verb	Noun/Noun phrase
Tāmen 她们	dōu 都	shì 是	Yīngguórén 英国人。
They are all British.			
Tāmen 他们	dōu zài yīyuàn 都 在 医院	gōngzuò 工作。	
They all work at the hospital.			

Word order of Chinese sentences (II)

Word order in Chinese can be quite different from English. In Chinese, adverbs are used before the verbs they modify. In English, they can occur either before or after the verb.

Subject	Predicate		
	Adverb	Verb	Noun/Noun phrase
Tā 他	bù 不	xìng 姓	Lín 林。
His surname is not Lin.			
Wǒ 我	yě 也	shì 是	Zhōngguórén 中国人。
I am also Chinese.			
Tāmen 她们	dōu 都	shì 是	lǎoshī 老师。
They are all teachers.			

Pronouns as modifiers (+的)

Personal pronouns (e.g., 我) followed by the word 的 express possession. When personal pronouns are followed by a kinship term, 的 is often omitted (e.g., 我爸爸).

For persons other than family members, the use of 的 is optional, depending on the closeness of the relationship. It is usually omitted if the relationship is close.

Grammar reference 163

Personal pronoun	de	Noun
Wǒ 我	de 的	shū 书
my book (的 is usually needed for objects.)		
Wǒ 我	de (的)	bàba 爸爸
my father (的 is usually omitted for family members.)		
Tā 她	de (的)	gēge 哥哥
her elder brother (的 is usually omitted for family members.)		
Tā 他	de 的	lǎoshī 老师
his teacher (His relationship with the teacher is distant.)		
Nǐ 你	de (的)	jiā 家
your home (的 is often omitted before "home", a place where family members live.)		

Unit 4

Interrogative pronoun 谁 (shéi)

The interrogative pronoun 谁 can be used at the beginning of a question as the subject.

Subject	Verb	Object
Shéi 谁	shì 是	Mǎkè 马克?
Who is Mark?		
Shéi 谁	shì 是	nǐ de lǎoshī 你的老师?
Who is your teacher?		

谁 can also be used at the end of a question as the object.

Subject	Verb	Object
Nǐ 你	shì 是	shéi 谁?
Who are you ?		
Nǐ 你	zhǎo 找	shéi 谁?
Whom are you looking for?		

When used at the end of a question, 谁 is sometimes equivalent to "whom" in English.

Numbers in Chinese

Chinese numbers use a decimal (base ten) system. There are characters for numbers zero through nine and larger numbers such as tens, hundreds, thousands, etc.

0	zero	líng 零
1	one	yī 一
2	two	èr 二
3	three	sān 三
4	four	sì 四
5	five	wǔ 五
6	six	liù 六
7	seven	qī 七
8	eight	bā 八
9	nine	jiǔ 九
10	ten	shí 十
100	one hundred	bǎi 百
1000	one thousand	qiān 千
10000	ten thousand	wàn 万

The Chinese numbers for twenty, thirty, forty, etc are formed by placing the character for 10 after the characters for 2 to 9. For example, twenty is written as 二十 ("two ten"), thirty is written as 三十 ("three ten"), and forty as 四十 ("four ten").

Chinese numbers such as eleven, thirteen, twenty-one, thirty-two, etc are formed by adding the characters for 1 to 9 after the characters for 10 to 90. For example, eleven is written 十一 ("ten one"), twenty-one is 二十一 ("two ten one"), twenty-two is 二十二 ("two ten two") and thirty-two as 三十二 ("three ten two").

When a zero occurs in the number (except at the end), the character for zero (零) should be used. The number 201 is written 二百零一 ("two hundred zero one").

Asking about age using 多大 (duō dà)

多大 can be used to ask about someone's age.

Question	Answer
Nǐ duōdà 你多大? How old are you?	Wǒ èrshíwǔ suì 我 二十五 岁。 I'm 25 years old.
Mǎkè de mèimei duōdà 马克的妹妹多大? How old is Mark's younger sister?	Tā shíbā suì 她 十八 岁。 She's 18 years old.

你多大 can only be used to ask about the age of someone who is of the same generation as the speaker, or someone who is much younger. More polite forms are used to ask about the age of a senior person.

The verb 是 (be) is not needed before the age in the answer.

真 / 很 + adjective (zhēn / hěn)

真 and 很 are adverbs indicating a high degree. 真 means "really" and 很 means "very". An adjective is often used together with 真 or 很 as the predicate.

Subject	Predicate	
	Adverb	Adjective
Tā 他	zhēn 真	gāo 高。
He is really tall.		
Tā 他	hěn 很	gāo 高。
He is very tall.		

The Chinese structure "Subject + 真/很 + adjective" has the same meaning as the English structure "Subject + be + really/very + adjective", but the Chinese equivalent of "be"(是) is not needed in the Chinese sentences.

For example,

Correct	Wrong
Wǒ hěn gāoxìng 我 很 高兴。 I am very happy.	Wǒ shì hěn gāoxìng 我 是 很 高兴。 ✗
Nǐ māma zhēn niánqīng 你妈妈 真 年轻! Your mum is really young!	Nǐ māma shì zhēn niánqīng 你妈妈 是 真 年轻! ✗

Unit 5

Question word 多少 (duōshao)

Although the question word 多少 is often translated as "how many" or "how much" in English, it can also be used to ask about telephone numbers and room numbers.

Subject	Verb	Question word
Nǐ de diànhuà hàomǎ 你的 电话 号码	shì 是	duōshao 多少?
What's your telephone number?		
Nǐ de fángjiān hào 你的 房间 号	shì 是	duōshao 多少?
What's your room number?		

Word order of Chinese addresses

An address in Chinese is written as follows. It starts with the biggest geographical component and ends with the smallest, followed by the name of the recipient.

Country	Province	City	Road	Number	Post code
Zhōngguó 中国	Guǎngdōng 广东 Shěng 省	Guǎngzhōu 广州 Shì 市	Huāyuán 花园 Lù 路	yībǎilíngèr 102 hào 号	510000

The word order of Chinese addresses is exactly the opposite of what is usually used in western countries, where the address starts with the name of the recipient and continues from the smallest geographical component to the biggest.

The pronunciation of the number "1"

"1" is often pronounced as "yāo" in telephone, room and bus numbers. If a number contains the same figure (including 0) two or more times in succession, each should be read separately. For example, 119 is read "yāo yāo jiǔ", 1200 is read "yāo èr líng líng".

Unit 6

Months and dates

⋮		1		1	
2008	nián 年	2 3 ⋮	yuè 月	2 3 ⋮	rì / hào 日 / 号
⋮		12		31	

In Chinese, a calendar year is expressed as four separate numbers followed by the word 年 (year), for example, 二〇一〇年, 一九五八年.

The names of the twelve months are expressed as cardinal numbers followed by the word 月 (month).

Yīyuè 一月	January	Qīyuè 七月	July
Èryuè 二月	February	Bāyuè 八月	August
Sānyuè 三月	March	Jiǔyuè 九月	September
Sìyuè 四月	April	Shíyuè 十月	October
Wǔyuè 五月	May	Shíyīyuè 十一月	November
Liùyuè 六月	June	Shí'èryuè 十二月	December

Dates are expressed as cardinal numbers from 1 to 31 followed by the word 日 (day, written form) or 号 (day, spoken form). For example,

qī rì   qī hào   èr shí yī rì   èr shí yī hào
七日（七号）   二十一日（二十一号）

The word order for expressing dates in Chinese is year—month—day. For example,

Year	Month	Day
yī jiǔ qī bā nián 一九七八年	Liùyuè 六月	jiǔ rì 九日
9 June 1978		
yī jiǔ sì wǔ nián 一九四五年	Bāyuè 八月	èrshí èr rì 二十二日
22 August 1945		

Xīngqī 星期

yī	èr	sān	sì	wǔ	liù	rì / tiān
一	二	三	四	五	六	日 / 天

The days of the week from Monday to Saturday are expressed as 星期 followed by the cardinal numbers from 1 to 6. Sunday is expressed as 星期日 (written form) or 星期天 (spoken form).

Xīngqīyī 星期一	Monday	Xīngqīwǔ 星期五	Friday
Xīngqī'èr 星期二	Tuesday	Xīngqīliù 星期六	Saturday
Xīngqīsān 星期三	Wednesday	Xīngqīrì tiān 星期日/天	Sunday
Xīngqīsì 星期四	Thursday		

Sentences without verbs

In English, a sentence is incomplete without a verb, but Chinese sentences can sometimes go without a verb.

When expressing age, date, time and price, nouns (noun phrases) and numbers can function directly as nominal predicates after the subject without being preceded by the verb 是.

Subject	Predicate
Mǎkè 马克	shíjiǔ suì 十九岁。
Mark is 19 years old.	
Jīntiān 今天	Èryuè jiǔ hào 二月九号。
Today is 9 February.	
Xiànzài 现在	sān diǎn 三点。
It is three o'clock now.	
Yī gōngjīn mǐ 一公斤米	sān kuài sì 三块四。
One kilogram of rice is three *yuan* and four *jiao*.	

Note that in the English sentences the verb "be" is needed.

Making invitations using 请 (qǐng)

In Chinese, to invite or tell someone to do something the verbs 请 and 叫 are used. 请 means to invite someone to do something, usually in a polite manner, while 叫 means to tell or ask someone to do something.

Person making invitation	Verb	Person receiving invitation	Event/Activity
Wǒmen 我们	qǐng 请	tā 她	chī Zhōngcān 吃 中餐。

We invited her to have Chinese food.

Person making invitation	Verb	Person receiving invitation	Event/Activity
Wáng Yù 王 玉	qǐng 请	Mǎkè 马克	qù tā jiā 去 她 家。

Wang Yu invited Mark to her home.

Person making invitation	Verb	Person receiving invitation	Event/Activity
Lǎoshī 老师	jiào 叫	xuésheng 学生	shuō Zhōngwén 说 中文。

The teacher told the students to speak Chinese.

Unit 7

Adverbial expressions of time

The adverbial expressions of time can be put either after or before the subject in a sentence.

For example, "I sleep at eleven." can be expressed as:

Subject	Adverbial of time	Predicate
Wǒ 我	shíyī diǎn 十一点	shuìjiào 睡觉。

or

Adverbial of time	Subject	Predicate
Shíyī diǎn 十一点	wǒ 我	shuìjiào 睡觉。

If there is more than one adverbial expressions of time in a sentence, the time word denoting the biggest time unit usually goes first.

Adverbial of time	Subject	Predicate
Míngtiān wǎnshang qī diǎn 明天 晚上 七点	wǒmen 我们	zài diànyǐngyuàn ménkǒu jiàn 在 电影院 门口 见。

We meet at the entrance of the cinema at seven tomorrow evening.

Different ways of telling the time

The ways of telling the time in Chinese and English are very similar.

2:00 — liǎng diǎn 两 点

2:05 — liǎng diǎn wǔ fēn 两 点 五 分

2:25 — liǎng diǎn èrshíwǔ fēn 两 点 二十五 分

2:30 — liǎng diǎn bàn 两 点 半

When the minute hand points to "6" on a clock, we can use 三十分 or 半 which means "half an hour".

2:45 — liǎng diǎn sān kè chà yī kè sān diǎn 两 点 三 刻 / 差 一 刻 三 点

刻 means "a quarter of an hour".

When the minute hand points to a number larger than six, we can use the expression "… minutes to … (the next hour)". For example, 2:45 can be expressed in three ways in Chinese:

1 liǎng diǎn sìshíwǔ fēn 两 点 四十五 分

2 liǎng diǎn sān kè 两 点 三 刻

3 chà yī kè sān diǎn 差 一 刻 三 点 (a quarter to three)

Expressing future tense using the auxiliary verb 要 (yào)

In Chinese, verbs do not change form to express tenses. The future tense in Chinese can be expressed by putting the auxiliary verb 要 before the main verb. When 要 is used in front of another verb, it functions as a modal verb indicating future tense or the desire to do something. It is often used to express future plans.

Subject	Modal verb	Predicate
Wǒ 我	yào 要	qù yínháng 去 银行。

I am going to the bank.

Subject	Modal verb	Predicate
Wǒ 我	yào 要	chī Zhōngcān 吃 中餐。

I want to eat Chinese food.

Subject	Modal verb	Predicate
Tā 她	yào 要	qù Rìběn 去 日本。

She is going to Japan.

Grammar reference 167

Unit 8

Measure words

The measure word 个 is used extensively for people or objects, both real and abstract.

People:	yī gè péngyou 一 个 朋友	a friend
Real objects	yī gè píngguǒ 一 个 苹果	an apple
Abstract objects	yī gè jiéguǒ 一 个 结果	a result

The measure word 件 is used for clothing, objects in general or abstract things.

Clothing:	yī jiàn máoyī 一 件 毛衣	a sweater
Objects in general:	yī jiàn lǐwù 一 件 礼物	a gift
Abstract things:	yī jiàn gōngzuò 一 件 工作	a piece of work

The measure word 条 is used for long and narrow objects, including animals or body parts.

Long and narrow objects:	yī tiáo kùzi 一 条 裤子	a pair of trousers
Animals:	yī tiáo yú 一 条 鱼	a fish
Body parts:	yī tiáo tuǐ 一 条 腿	a leg

The measure word 双 is used for things that come in pairs, including body parts.

Body parts:	yī shuāng shǒu 一 双 手	a pair of hands
Objects:	yī shuāng wàzi 一 双 袜子	a pair of socks

Numerals 二 / 两

二 is used:
- when counting, e.g. 一、二、三、……
- for expressing ordinal arrangement, e.g. dì-èr gè rén 第二个人
- as the last digit of a numerical expression, e.g. jiǔshí'èr 九十二

两 is used for expressing quantity, e.g. liǎng běn shū 两 本 书

Expressing past tense using 了

The past tense in Chinese can be expressed by putting the particle 了 after the main verb. Note that this structure is not the exact equivalent of past tense in English because it only indicates the completion of an action, and does not point out specifically that the action happened in the past.

Subject	Verb	Particle	Object
Wǒ 我	mǎi 买	le 了	yī běn shū 一本书。
I bought a book.			
Wǒ 我	chī 吃	le 了	Zhōngcān 中餐。
I ate Chinese food.			

Unit 9

Expressing existence using 有

The verb 有 has several meanings. The primary one means "have". For example,

Subject	Verb	Object
Tā 她	yǒu 有	yī gè gēge 一个哥哥。
She has an elder brother.		
Wǒ 我	yǒu 有	hěn duō shū 很多书。
I have many books.		

The subject of 有, the possessor, is usually a living creature, but it can also be an inanimate object. For example,

Shuǐ li yǒu hěn duō yú
水 里 有 很 多 鱼。 There are many fish in the water.

有 indicates existence if the subject is a nominal expression denoting location or time. The object of 有 is the person or thing concerned.

Subject	Verb	Object
Fùjìn 附近	yǒu 有	chāoshì 超市。
There is a supermarket nearby.		
Fángzi li 房子里	yǒu 有	rén 人。
There is someone in the house.		
Míngtiān 明天	yǒu 有	zúqiú bǐsài 足球比赛。
There is a football match tomorrow.		

168 Grammar reference

The negative form of 有 is 没有. For example,

Fùjìn méiyǒu chāoshì
附近 没有 超市。   There is no supermarket nearby.

Asking questions using 有没有 (yǒu méiyǒu)

没有 is the negative form of the verb 有, and we can use the phrase 有没有 in affirmative-negative questions. For example,

Subject	Verb	Object
Nǐ 你	yǒu méiyǒu 有没有	qián 钱？
Do you have any money?		
Fángzi li 房子里	yǒu méiyǒu 有没有	rén 人？
Is there anybody in the house?		

Expressing locations with the verb 在 (zài)

The word 在 has many different uses. It can be used as a verb to indicate the location of an object or a person, meaning "at/in". To negate, just put the negation word 不 before the verb 在.

Subject	Predicate		
	Adverb	Verb	Noun/Noun phrase
Xǐshǒujiān 洗手间		zài 在	shūdiàn qiánbian 书店 前边。
The toilet is in front of the bookshop.			
Dìtiězhàn 地铁站	bù 不	zài 在	gōngyuán de nánbian 公园 的 南边。
The subway station is not to the south of the park.			

Unit 10

Alternative questions with 还是 (háishi)

An alternative question is formed by linking two alternative options with the conjunction 还是. The respondent is expected to choose one or the other option. For example,

Nǐ xǐhuan Zhōngguó háishi xǐhuan Měiguó
你 喜欢 中国 还是 喜欢 美国？
Do you like China or the US?

Wǒ xǐhuan Zhōngguó
我 喜欢 中国。
I like China.

Wǒmen zuò dìtiě qù háishi zuò chūzūchē qù
我们 坐 地铁 去 还是 坐 出租车 去？
Shall we go by subway or by taxi?

Wǒmen zuò dìtiě qù
我们 坐 地铁 去。
We'll go by subway.

The verb in the second option may be omitted if the same verb is used in both options.

Wǒmen chī Zhōngcān háishì chī Hánguócài
我们 吃 中餐 还是（吃）韩国菜？
Shall we eat Chinese food or Korean food?

Questions ending with 好吗 (hǎoma)

好吗 is used after stating an idea or suggestion. Questions ending with 好吗 are used to ask for someone's opinion.

Wǒmen qù chī Zhōngcān 我们 去吃 中餐，	hǎoma 好吗？
We will go and have Chinese food, OK?	
Wǒmen zuò dìtiě qù 我们 坐 地铁 去，	hǎoma 好吗？
We go there by subway, OK?	

If the respondent agrees to the suggestion, he may say 好 or 好吧. But he can also use "……吧" to indicate an alternative suggestion, which is used here to soften the tone of the answer. For example,

Wǒmen qù chī Zhōngcān hǎo ma
我们 去吃 中餐，好 吗？
We go to have Chinese food, OK?

Hǎo   Hǎo ba
好。/ 好吧。 (showing agreement)
All right.

Wǒmen qù chī Hánguócài ba
我们 去吃 韩国菜 吧。 (giving an alternative suggestion)
Let's go and have Korean food.

Expressing superlatives with 最 (zuì)

最 is an adverb that can be used before an adjective, a verb or a location word to indicate the superlative degree. For example,

zuì hǎo 最好	the best
zuì xǐhuan 最喜欢	like the best
zuì nánbian 最 南边	the very south

Using the particle 吧 (ba)

吧 can be used at the end of a sentence to express different moods, including command, approval, request and suggestion.

Command	Mǎshàng qù shàngxué ba 马上 去 上学 吧！ Go to school immediately!
Approval	Wǒmen jiù zhèyàng zuò ba 我们 就 这样 做 吧。 Let's do it this way.
Request	Qǐng nǐ zǒu ba 请 你 走 吧。 Please go away.
Suggestion	Xiànzài bù zǎo le wǒmen zǒu ba 现在 不 早 了，我们 走 吧。 It's getting late now, let's go.

Unit 11

Using modal verbs 可以 / 会 (kěyǐ / huì)

The modal verb 可以 is used before another verb to express ability or permission.

When 可以 indicates the ability to do something, it can be translated into English as "can" or "be able to".

Wǒ kěyǐ shuō Yīngyǔ 我 可以 说 英语。	I can speak English.
Tā kěyǐ chī wǔ wǎn fàn 他 可以 吃 五 碗 饭。	He can eat five bowls of rice.

When 可以 indicates permission, it can be translated into English as "may" or "be allowed to".

Nǐ kěyǐ jìnlái 你 可以 进来。	You may come in.
Nǐ kěyǐ zǒu le 你 可以 走 了。	You may leave now.

The modal verb 会 precedes another verb to indicate the ability to do something.

Tā huì shuō Hànyǔ 她 会 说 汉语。	She can speak Chinese.
Tā huì yóuyǒng 他 会 游泳。	He can swim.

While both 可以 and 会 can be used to mean the ability to do something, 可以 usually expresses general and physical capability, and 会 emphasizes skills acquired through learning and practice.

Pivotal sentences

A pivotal sentence has two verbs, the object of the first verb functioning at the same time as the subject of the second verb. For example,

Lǎoshī xīwàng wǒmen xué Zhōngwén
老师 希望 我们 学 中文。

Wǒ qǐng nǐ chīfàn
我 请 你 吃饭。

The first objects 我们 and 你 function as pivots of the above sentences because each of them connects the first half of the sentence with the second.

Talking about past actions with 过 (guo)

过 is used after verbs to indicate that something happened in the past.

Mǎkè qùguo Zhōngguó
马克 去过 中国。   Mark has been to China.

Ānnà chīguo Rìběncài
安娜 吃过 日本菜。   Anna has eaten Japanese food.

In a negative sentence, 没（有）is used before the main verb to indicate that something has not happened.

Wǒ méi yǒu kànguo zhè běn shū
我 没（有）看过 这 本 书。   I have not read this book.

Unit 12

Expressing alternatives using 或者 / 还是 (huòzhě / háishi)

The conjunctions 或者 and 还是 mean "or". They are used to connect clauses suggesting two alternatives or possibilities.

或者 can only be used in declarative sentences, whereas 还是 is mainly used in questions.

Wǒ	xiǎng qù Běijīng	huòzhě	Shànghǎi
我	想 去 北京	或者	上海。

I want to go to Beijing or Shanghai.

Wǒmen	dǎsuan sān diǎn	huòzhě	sān diǎn bàn qù
我们	打算 三 点	或者	三 点 半 去。

We plan to go at three or half past three.

Nǐ	xiǎng xué jīngjù	háishi	Zhōngguó gōngfu
你	想 学 京剧	还是	中国 功夫？

Do you want to learn Beijing opera or Chinese Kung Fu?

Nǐ	dǎsuan mǎi dàyī	háishi	qúnzi
你	打算 买 大衣	还是	裙子？

Do you plan to buy a coat or a skirt?

170 Grammar reference

Expressing regular events with 每……都……

The word 每 means "every". It is usually used before numerals and measure words to form phrases like 每个……, 每件……. If the numeral is "一" (one), it is often dropped, for example, 每（一）个……, 每（一）件…… (every …).

每 can be used to express specific time reference if it is followed by nouns denoting time, like 年 (year), 月 (month), 天 (day). In this case, the measure word can be omitted.

měi 每	Numeral	Measure word	Nouns denoting time	
měi 每	yī （一）		nián 年	every year
měi 每	liǎng 两		nián 年	every other year
měi 每	yī （一）	gè （个）	yuè 月	every month
měi 每	liǎng 两	gè 个	yuè 月	every other month
měi 每	yī （一）		tiān 天	every day
měi 每	liǎng 两		tiān 天	every other day

A sentence containing 每 usually requires the adverb 都, which comes immediately before the verb, to fully express the sense of "wholeness". Sentences containing this "每……都……" structure have two kinds of word order. The time phrase "每……" can be put either before or after the subject.

Tā 他	měi gè jiàqī 每个假期	dōu huí jiā 都 回 家。
Měi gè jiàqī 每个假期	tā 他	dōu huí jiā 都 回 家。

He goes home every holiday.

Mǎkè 马克	měi gè zhōumò 每个周末	dōu qù páshān 都 去 爬山。
Měi gè zhōumò 每个周末	Mǎkè 马克	dōu qù páshān 都 去 爬山。

Mark goes climbing every weekend.

Picture captions

Unit 1 p17 The Great Wall at Badaling, near Beijing / p20 Martial artists practise kung fu / p23 Cyclists in Beijing / pp24–25 (background) Li River valley, Yangshuo, Guangxi Zhuang Autonomous Region

Unit 2 p27 A traditional tea ceremony at a resort near Kunming, Yunnan / p30 Traditional clothes on display in Longji, Guangxi / p33 Folk dance on Tian'anmen Square, Beijing / pp34–35 (background) Sunrise on Huangshan (Yellow Mountain), Anhui

Unit 3 p37 Cormorant fisherman on the Li river, Guilin / p40 Policewomen in uniform / p42 Ploughing a terraced rice paddy, Qingkou, Yuanyang, Yunnan / pp44–45 (background) Fields around Jinjiling (Golden Rooster Hill), Luoping County, Yunnan

Unit 4 p47 Roller-skater on the Bund, Shanghai / p50 Bruce Lee statue, Avenue of Stars, Tsim Sha Tsui, Hong Kong / p52 Farmhouse near Guilin / pp54–55 (background) The karst landscape around Guilin

Review 1 p60 The Forbidden City, Beijing

Unit 5 p61 Girl talking on public telephone, Beijing / pp62–63 Doorway of traditional Chinese architecture Style, Beijing / p66 A traditional Chinese courtyard / pp68–69 (background) Sunset by Leifeng Hill, Xihu (West Lake), Hangzhou, Zhejiang

Unit 6 p71 Children play with firecrackers at Lunar New Year / p76 Traditional decorative knotwork / p77 Decorative characters for Spring Festival / pp78–79 (background) The yellow earth landscape of northwest China

Unit 7 p81 Commuters travel by bicycle in Kunming, Yunnan / p86 Zhuang minority woman in Longji, Guilin, Guangxi / p88–89 (background) Musical fountain at Big Wild Goose Pagoda, Xi'an

Unit 8 p91 Ceramics, chopsticks and other decorative wares at a Beijing market / p96 Calligraphy supplies and artwork, Beijing / pp98–99 (background) Yalong Bay, Hainan

Review 2 p104 Tangyue memorial archway, Anhui

Unit 9 p105 Pudong district, Shanghai, with the Oriental Pearl Tower / pp110–111 Busy commute of cars at night / pp112–113 (background) Hukou Waterfall, the Yellow River, Ji County, Shaanxi

Unit 10 p115 Shanghai Maglev Train, the world's fastest passenger train / pp122–123 (background) Sanya Bay, Hainan

Unit 11 p125 Woman dancing in a Shanghai *linong* alleyway neighbourhood / p130 Decorated dragon boat for Qingming festival / pp132–133 (background) Sky lantern festival, Pingxi, Taiwan

Unit 12 p135 Traditional Chinese theatre cast member, Singapore / p141 Rickshaw drivers wait for customers / pp142–143 (background) Cattle ranching in Habahe (Qaba) County, Xinjiang

Review 3 p148 Ta'er Temple, Xining, Qinghai

Pair work activities pp152–153 Hong Kong harbour tourist cruise boat / p154 Night market in Snake Alley, Wanhua district, Taipei / p155 Bamboo forest / 158–159 Shaolin monk show, Shanghai / p160 Vegetable sellers at market / p161 Beijing opera performer in traditional make-up

Pinyin pronunciation guide

Sound	Words	Example 1	Example 2
Initials			
b	bed	bō 玻	bēi 杯
p	pin	pō 坡	pāi 拍
m	moon	mō 摸	mái 埋
f	fun	fó 佛	fā 发
d	day	dé 得	dā 搭
t	tin	tè 特	tā 他
n	nose	ne 呢	nà 纳
l	long	lè 勒	lā 拉
g	good	gē 哥	gāi 该
k	kind	kē 科	kāi 开
h	hat	hē 喝	hā 哈
j	jug	jī 基	jiāo 交
q		qī 欺	qià 恰
x		xī 希	xiāo 消
zh	bridge	zhī 知	zhā 渣
ch	chin	chī 吃	chá 茶
sh	shirt	shī 诗	shā 沙
r	reduce	rì 日	rén 人
z	"ds" in reads	zī 资	zá 杂
c	"ts" in hats	cí 雌	cā 擦
s	say	sī 思	sè 色
Finals			
a	far	ā 啊	bā 八
o	saw	wō 喔	mò 墨
e	her	é 鹅	chē 车
i	bee	yī 衣	bǐ 比
u	rude	wū 乌	wū 屋
ü	German Fühlen	yū 迂	nǚ 女
ai	eye	āi 哀	bái 白
ei	eight	ēi 欸	féi 肥
ao	cow	áo 熬	bāo 包
ou	oh	ōu 欧	pōu 剖
an	enhance	ān 安	bān 班
en	taken	ēn 恩	běn 本
ang	gang	áng 昂	bāng 邦
eng	sung	hēng 亨	bēng 崩
ong	German Lunge	hōng 轰	dōng 东
ia	yard	ya 呀	xià 夏
ie	yes	yē 耶	bié 别
iao	meow	yāo 腰	jiāo 交
iu	yoga	yōu 优	diū 丢
ian	yen	yān 烟	piān 偏
in	in	yīn 因	bīn 宾
iang	e + yang	yāng 央	niáng 娘
ing	sing	yīng 英	bǐng 丙
iong	German Jünger	yōng 雍	qióng 穷
ua	guano	wā 蛙	guā 瓜
uo	wall	wō 窝	duō 多
uai	why	wāi 歪	guài 怪
uei		wēi 威	wéi 围
uan	wan	wān 弯	duǎn 短
un	won	wēn 温	kūn 昆
uang	u + ongoing	wāng 汪	guāng 光
ueng		wēng 翁	wèng 瓮
üe	ü + eh	yuē 约	quē 缺
üan	ü + an	yuān 冤	xuān 宣
ün	German grün	yūn 晕	qún 群

Combinations of pinyin initials and simple finals

simple finals / Initials	a	o	e	i	u	ü
b	ba	bo		bi	bu	
p	pa	po		pi	pu	
m	ma	mo	me	mi	mu	
f	fa	fo			fu	
d	da		de	di	du	
t	ta		te	ti	tu	
n	na		ne	ni	nu	nü
l	la		le	li	lu	lü
g	ga		ge		gu	
k	ka		ke		ku	
h	ha		he		hu	
j				ji		jü (ju)
q				qi		qü (qu)
x				xi		xü (xu)

English translations

Unit 1

Vocabulary and listening

Mark: Hello!
Wang Yu: Hello!
Mark: May I ask what your name is?
Wang Yu: I'm Wang Yu. How about you?
Mark: I'm Mark, Mark Johnson. Nice to meet you, Miss Yu.
Wang Yu: Sorry, my family name is Wang.

Reading and writing

> I'm Mark Johnson. My Chinese name is Mǎkè. Pleased to meet you all.
>
> Hi, everybody! I'm Anna Pollard. My Chinese name is Ānnà. Very happy to meet you all.
>
> Hello! I am Steve Brown. My Chinese name is Shǐdìfū.

Unit 2

Vocabulary and listening

Steve: Good morning!
Wang Yu: Good morning!
Steve: Are you Japanese?
Wang Yu: No, I am not Japanese.
Steve: Where are you from?
Wang Yu: I'm Chinese. Which country are you from?
Steve: I'm British.
Wang Yu: Do you live in London?
Steve: No, I live in Beijing.

Reading and writing

> *Do you know them?*
>
> They are Hollywood stars, but they are not Americans.
>
> Hayden Christensen is Canadian. Charlize Theron is South African. Russell Crowe is from New Zealand. Nicole Kidman is from Sydney, Australia. Cate Blanchett is from Melbourne, Australia.

Unit 3

Vocabulary and listening

Yeong-min: Is she your younger sister?
Mark: Yes, she is my younger sister. This is my younger brother.
Yeong-min: Are your younger sister and younger brother students too?
Mark: My younger brother is a student, but my younger sister is a journalist.
Anna: What does your father do?
Mark: He is a doctor.
Anna: Where does your mother work?
Mark: She works at a hospital. My father and mother are both doctors.

Reading and writing

> Steve:
>
> Hello!
>
> This is a photo of my family. He is my father. She is my mother. They both work at a hospital. They're both doctors. This is my elder brother, he works at a school. He is a teacher. This is my elder sister. She is a journalist. This is me. I'm a student.

Unit 4

Vocabulary and listening

Anna: Who is he? He's Yao Ming, isn't he?
Wang Yu: Yes.
Anna: Where is he from?
Wang Yu: Shanghai, but now he lives in the US.
Anna: How old is he? 35 years old?
Wang Yu: I don't know.
Anna: He's so tall!
Wang Yu: And also very handsome, and very cool! He is my favourite basketball player!

Reading and writing

> Name: Wang Yu   Age: 20 years old
> Place of birth: Beijing   Nationality: Chinese
> Email: wangyu0521@DC.com
> Favourite animal: panda—cute!
> Favourite athlete: Yao Ming—very handsome!
> Favourite actor: Bruce Lee—really cool!

Unit 5

❖ Vocabulary and listening

Yeong-min: Steve, is your phone number 55546998?
Steve: Yes, this is my home phone number.
Yeong-min: What's your mobile phone number?
Steve: My mobile phone number is 12081345761.
Yeong-min: Where do you live?
Steve: I live at 19 Park Road.
Yeong-min: What's your email address?
Steve: steve@DC.com.

❖ Reading and writing

Inbox
This is my new address and phone number: Room 506, Student Dormitory, 23 University Road. You can call me on the phone.
Sender: Mark 16628958763

Inbox
Received. Thanks! Does Anna also live on University Road?
Sender: Wang Yu 11872356725

Inbox
No, she lives on Park Road.
Sender: Mark 16628958763

Unit 6

❖ Vocabulary and listening

Mark: Yeong-min, 9 February is Wang Yu's birthday.
Yeong-min: Really? What date is it today?
Mark: Today is 5 February.
Yeong-min: What day of the week is the ninth?
Mark: Sunday. We'll invite her to have a meal. How about that?
Yeong-min: OK. Where shall we go?
Mark: How about "Mama's Kitchen"? The Chinese food there is very tasty.
Yeong-min: OK, no problem.

❖ Reading and writing

3–9 June

Sunday
9:00~12:00 a.m.   play basketball
6:00~9:00 p.m.   meet Wang Yu's elder brother

Monday
9:00~12:00 a.m.   read books
3:00~6:00 p.m.   go to work

Tuesday
12:00~3:00 p.m.   study Chinese
6:00~9:00 p.m.   eat Chinese food with Mark

Wednesday
9:00~12:00 a.m.   go to hospital
3:00~6:00 p.m.   read books

Thursday
9:00~12:00 a.m.   meet my teacher
3:00~6:00 p.m.   go to work

Friday
12:00~3:00 p.m.   study Chinese
6:00~9:00 p.m.   go to Steve's birthday party

Saturday
9:00~12:00 a.m.   meet Mark
3:00~6:00 p.m.   go to Wang Yu's new home

Unit 7

❖ Vocabulary and listening

Steve: Wang Yu, do you have some free time this weekend?
Wang Yu: I'm going to see my grandpa on Sunday.
Steve: What are your plans for Saturday?
Wang Yu: I don't have any.
Steve: Let's go and see a movie together, OK?
Wang Yu: What movie?
Steve: A Chinese film. The film's title is "Family".
Wang Yu: OK. What time?
Steve: The movie starts at eight thirty. How about we meet at the entrance of the cinema at eight?

Wang Yu: Great. I want to invite my friend, too, is that OK?
Steve: No problem. See you at eight tomorrow evening!

Reading and writing

Weekend Planner		
Saturday		**Things to do**
Morning	8:45	study English
Noon	12:30	eat Japanese food with friends
Afternoon	3:15	go jogging with brother
Evening	8:00	see a movie with Steve, meet at the entrance of the cinema
Reminder		write Mark an email
Sunday		**Things to do**
Morning	10:15	learn singing
Noon	12:00	see grandpa and grandma
Afternoon	4:45	go to university to exercise
Evening	6:00	eat dinner at home
	8:00	study English
Reminder		invite music teacher to a concert; write a birthday card for Mark; write the blog

Unit 8

Vocabulary and listening

Shop assistant: May I ask, what kind of clothes do you want to buy?
Anna: I want to buy a skirt.
Shop assistant: Please come this way … How about this one?
Anna: It's too red!
Shop assistant: Is this one all right?
Anna: I don't like blue. Is there a black one?
Shop assistant: How about this black one?
Anna: It doesn't look too good.
Shop assistant: Try this one.
Anna: This one is not bad. How much is it?
Shop assistant: Two hundred and seventy-nine *yuan*.
Anna: Can you make it cheaper?
Shop assistant: Sorry, this price is the lowest.

Anna: Wang Yu, is this expensive?
Wang Yu: It's not expensive. Buy this one then.
Anna: OK. Here is the money.
Shop assistant: Thank you.

Reading and writing

Beijing Life
Thursday   2 July

This is my favourite bookshop in Beijing. I like reading!

This clothing market is far away, but the prices are low. On Sunday I bought a pair of trousers for twenty *yuan*, very cheap. I bought my elder brother a T-shirt. He likes both black and white T-shirts.

This is a famous shopping centre called the Village. Last month I bought a pair of shoes and a coat here. Every weekend, there are a lot of people here.

This is me and Xiaoxiao. Xiaoxiao is a shop assistant at the supermarket. I come here to buy things every Sunday morning.

Unit 9

Vocabulary and listening

Steve: Where does Anna live?
Yeong-min: Number 34, Park Road.
Steve: How do we get there?
Yeong-min: Let's ask a passerby.

Yeong-min: Excuse me, is this Park Road?
Passerby: No. Park Road is behind the post office.
Yeong-min: How do we get there?
Passerby: Head south.
Yeong-min: Is it far from here?
Passerby: Not far.

Steve: Excuse me, is this Park Road?
Passerby: That's right.
Yeong-min: Is there a building number 34 here?

Passerby:	Yes, it's near the bank, in front of a bookshop. Go straight ahead for about five minutes.

❧ Reading and writing

> **1 Flat for rent**
>
> 18 University Road, second floor. There are three rooms. The flat is very near the university. There is a student dorm to the east, a subway station to the west and a supermarket to the north. There is a cinema nearby. Transport and shopping are both very convenient.
>
> ¥4,200 / month　　　Telephone: 25489076
>
> Contact Miss Zhao
>
> **2 Flat for rent**
>
> Very cheap!
>
> 98 Nanjing Road, eighth floor, 120 square metres. There are a lot of bookshops and cheap restaurants nearby. There is a park to the east and a shopping centre to the west.
>
> ¥3500 / month　　　Telephone: 69812047
>
> Contact Mr. Ma

Unit 10

❧ Vocabulary and listening

Yeong-min:	Steve, where did you buy that T-shirt? It doesn't look too nice!
Steve:	Really? This is my favourite T-shirt. I like its colour.
Yeong-min:	You need some new clothes. Let's go to the shopping centre together and buy some.
Steve:	Is it in Sanlitun?
Yeong-min:	Yes.
Steve:	How do we go there? By bus or by taxi?
Yeong-min:	Let's take the subway. The subway is more convenient.
Steve:	OK.
Yeong-min:	Shall we go on Saturday or Sunday?
Steve:	Saturday.
Yeong-min:	OK. And then we'll go for dinner, OK?

Steve:	Of course! What restaurants are there?
Yeong-min:	There are Italian restaurants and also Japanese restaurants.
Steve:	Let's eat Italian food.
Yeong-min:	Great. Italian food is my favourite!

❧ Reading and writing

> | | Travel Plans |
> |---|---|
> | **Time of Travel** | Summer holiday |
> | | (the first week of the holiday) |
> | **Where to go** | Guilin |
> | **How to go** | by train (convenient, cheap) |
> | **People to invite** | Steve and Mark |
> | **What to do** | river cruise, shopping, climbing, photography, visiting famous scenic sites |

Unit 11

❧ Vocabulary and listening

Steve:	Wang Yu, what kind of sports do you like?
Wang Yu:	I like basketball, and football too.
Steve:	Do you want to watch a football match next month?
Wang Yu:	Of course! What teams are playing?
Steve:	China and England, at the stadium near our university.
Wang Yu:	OK, I'll go with you. I hope China win!
Steve:	I hope England win!
Wang Yu:	Do you want to do some exercise this weekend?
Steve:	What kind of exercise?
Wang Yu:	Let's play tennis, shall we?
Steve:	Sorry, I don't know how to play tennis, but I can dance. Let's go dancing together.
Wang Yu:	I don't like dancing, and I haven't learnt how.
Steve:	How about we go swimming?
Wang Yu:	OK! Swimming is my favourite.
Steve:	Let's go tomorrow morning, is that OK?

Wang Yu: I jog in the morning. Let's go in the afternoon.

Steve: OK. See you tomorrow.

Reading and writing

> **Students' Sport and Recreation Questionnaire**
> Name: Mark Age: 19
> Gender: male Nationality: Australian
> **What sports can you do?**
> ☑ play football ☑ surfing
> ☑ swim ☐ skiing
> ☑ play basketball ☐ diving
> ☐ play table tennis ☐ bungee jump
> ☐ others
>
> **How many hours' exercise do you do every week?**
> ☐ 0 ☐ 1-2 ☐ 3-4 ☑ 5-10
>
> **When do you exercise?** Five o'clock every afternoon.
> **Who do you exercise with?** Together with friends.
> **Where do you exercise?**
> ☐ home ☐ school ☑ sports ground

Unit 12

Vocabulary and listening

Anna: Yeong-min, Steve, what are you planning to do for the holidays?

Yeong-min: Every holiday I go travelling.

Steve: I want to travel, too, or maybe go home.

Anna: Don't go home. It's too far away. Let's travel together, OK?

Steve: Where should we go? Singapore or Hong Kong?

Yeong-min: Hong Kong, of course. I like Hong Kong.

Anna: Singapore is too far away. Let's go to Hong Kong. There we can go shopping, and we can go to a concert.

Steve: Let's go to Hong Kong, then.

Yeong-min: How do we get there? By air or by train?

Anna: Of course by air. The plane is very convenient.

Yeong-min: After we come back to Beijing, we can go to see some Beijing opera.

Steve: Great, I really like watching Beijing opera.

Reading and writing

> **Bob**
> I plan to travel to China for this year's holiday. There are many fun places in China. But I can only go to one place. My friends said that both Shanghai and Beijing are good. What do you think?
>
> **Wang Yu**
> Go to Beijing. There are two flights from Britain to Beijing every day, which is very convenient.
>
> **Peter**
> Xi'an is my favourite place. I think you should go to Xi'an. You can visit the Terracotta Warriors. Wang Yu, do you think Bob should go to Xi'an?
>
> **Wang Yu**
> Xi'an is a very pretty city that has thousands of years of history.
>
> **Bob**
> Good idea. I like history. Xi'an is not bad. How do I get to Xi'an?
>
> **Wang Yu**
> You can take a plane.

Vocabulary List

WORD	PINYIN	PART OF SPEECH	MEANING	UNIT
A 埃及	Āijí	n.	Egypt	2
矮	ǎi	adj.	short (height)	4
澳大利亚	Àodàlìyà	n.	Australia	2
B 爸爸	bàba	n.	father	3
吧	ba	particle	(for making suggestions)	8
百	bǎi	num.	hundred	8
白色	báisè	n.	white	8
班	bān	measure word		12
半	bàn	num.	half (of an hour)	7
棒球	bàngqiú	n.	baseball	11
北边	běibian	n.	north	9
北京	Běijīng	n.	Beijing	2
蹦极	bèngjí	v.	bungee jump	11
比赛	bǐsài	n.	match, competition	11
别	bié	adv.	do not	12
兵马俑	Bīngmǎyǒng	n.	Terracotta Warriors	12
博客	bókè	n.	blog	7
不	bù	adv.	not, no	2
不错	bùcuò	adj.	not bad	8
C 菜	cài	n.	food, dish	7
餐	cān	n.	cuisine, meal	6
参观	cānguān	v.	visit (a place)	10
餐厅	cāntīng	n.	restaurant	10
长	cháng	adj.	long	4
唱歌	chànggē	v.	sing a song	7
超市	chāoshì	n.	supermarket	8
衬衫	chènshān	n.	shirt	8
城市	chéngshì	n.	city	12
吃	chī	v.	eat	6

WORD	PINYIN	PART OF SPEECH	MEANING	UNIT
吃饭	chīfàn	v.	have a meal	6
冲浪	chōnglàng	v.	surf	11
出生地	chūshēngdì	n.	place of birth	4
出租	chūzū	v.	rent out, lease	9
出租车	chūzūchē	n.	taxi	10
厨房	chúfáng	n.	kitchen	6
厨师	chúshī	n.	chef	3
船	chuán	n.	boat	10
从	cóng	prep.	from	12
D 打	dǎ	v.	play (ball game with hands)	6
打电话	dǎ diànhuà		make a phone call	5
打工	dǎgōng	v.	do part-time work	12
打算	dǎsuan	v.	plan	12
大家	dàjiā	pron.	everybody	1
大学	dàxué	n.	university	5
大衣	dàyī	n.	coat	8
但是	dànshì	conj.	but	3
当然	dāngrán	adv.	of course	10
导游	dǎoyóu	n.	tour guide	3
到	dào	v.	get to (a place), arrive	7
德国	Déguó	n.	Germany	2
的	de	structural particle		3
弟弟	dìdi	n.	younger brother	3
地方	dìfang	n.	place	12
地铁站	dìtiězhàn	n.	subway station	9
地址	dìzhǐ	n.	address	5
第一个	dì-yī gè		the first	10

*The words in colour are not target words for the units.

WORD	PINYIN	PART OF SPEECH	MEANING	UNIT
点	diǎn	n.	o'clock	7
电话	diànhuà	n.	telephone	5
电视	diànshì	n.	television	7
电影	diànyǐng	n.	movie, film	7
电影院	diànyǐngyuàn	n.	cinema	7
电子邮件	diànzǐ yóujiàn	n.	email	7
电子邮箱	diànzǐ yóuxiāng	n.	email box/address	4
东边	dōngbian	n.	east	9
东西	dōngxi	n.	thing	8
动物	dòngwù	n.	animal	4
都	dōu	adv.	both, all	3
短	duǎn	adj.	short (length)	4
短裤	duǎnkù	n.	shorts	8
短信	duǎnxìn	n.	message	5
队	duì	n.	team	11
对	duì	adj.	right, correct	9
对不起	duìbuqǐ		sorry	1
多大	duō dà		how old	5
多少	duōshao	pron.	what, how many/much	5
E 二月	Èryuè	n.	February	6
F 发件人	fājiànrén	n.	sender	5
发送	fāsòng	v.	send	5
法国	Fǎguó	n.	France	2
饭馆	fànguǎn	n.	restaurant	9
方便	fāngbiàn	adj.	convenient	9
房间	fángjiān	n.	room	5
房子	fángzi	n.	flat, house	9
飞机	fēijī	n.	aeroplane	12
飞机场	fēijīchǎng	n.	airport	10

WORD	PINYIN	PART OF SPEECH	MEANING	UNIT
分	fēn	n.	minute	7
分钟	fēnzhōng	n.	minute	9
服务员	fúwùyuán	n.	waiter, waitress	3
服装市场	fúzhuāng shìchǎng	n.	clothes market	8
附近	fùjìn	n./adj.	vicinity, nearby	9
G 橄榄球	gǎnlǎnqiú	n.	rugby	11
高	gāo	adj.	tall	4
高兴	gāoxìng	adj.	glad, happy	1
哥哥	gēge	n.	elder brother	3
个子	gèzi	n.	(person) height	4
给	gěi	v./prep.	give, to	5
跟	gēn	prep.	with	6
工程师	gōngchéngshī	n.	engineer	3
工作	gōngzuò	n./v.	work, job	3
公共汽车	gōnggòng qìchē	n.	bus	10
公寓	gōngyù	n.	block of flats, apartment building	5
公园	gōngyuán	n.	park	5
购物中心	gòuwù zhōngxīn	n.	shopping centre	8
广州	Guǎngzhōu	n.	Guangzhou	12
贵	guì	adj.	expensive	8
桂林	Guìlín	n.	Guilin	10
国	guó	n.	country	2
国籍	guójí	n.	nationality	4
过	guo		indicator of past actions	11
H 还是	háishi	conj.	or (in a question)	10
韩国	Hánguó	n.	Korea	2
好	hǎo	adj.	good, OK	1
好吃	hǎochī	adj.	tasty	6

WORD	PINYIN	PART OF SPEECH	MEANING	UNIT
好看	hǎokàn	adj.	good-looking	8
好莱坞	Hǎoláiwū	n.	Hollywood	2
好玩	hǎowán	adj.	fun	12
号	hào	n.	number, date (spoken)	5
号码	hàomǎ	n.	number, code	5
和	hé	conj.	and	3
黑色	hēisè	n.	black	8
很	hěn	adv.	very	1
很多	hěnduō	adj.	a lot of	8
红	hóng	adj.	red	8
后边	hòubian	n.	back	9
护士	hùshi	n.	nurse	3
滑雪	huáxuě	v.	ski	11
黄色	huángsè	n.	yellow	8
回	huí	v.	go back	12
会	huì	v.	can, be able to	11
火车	huǒchē	n.	train	10
火车站	huǒchēzhàn	n.	railway station	10
或者	huòzhě	conj.	or (in a statement)	12
J 几	jǐ	pron.	how many	6
几点	jǐdiǎn		what time	7
计划	jìhuà	n.	plan	7
记者	jìzhě	n.	journalist	3
家	jiā	n.	family, home	3
加拿大	Jiānádà	n.	Canada	2
加油站	jiāyóuzhàn	n.	petrol station	10
假期	jiàqī	n.	holiday	10
价钱	jiàqian	n.	price	8
见	jiàn	v.	see, meet	7

WORD	PINYIN	PART OF SPEECH	MEANING	UNIT
件	jiàn	measure word	item, piece	8
见面	jiànmiàn	v.	meet up	6
健身房	jiànshēnfáng	n.	gymnasium	9
交通	jiāotōng	n.	transportation	9
叫	jiào	v.	be called	1
街	jiē	n.	street	5
姐姐	jiějie	n.	elder sister	3
今年	jīnnián	n.	this year	12
今天	jīntiān	n.	today	6
近	jìn	adj.	near	9
京剧	jīngjù	n.	Beijing opera	12
警察局	jǐngchájú	n.	police station	9
景点	jǐngdiǎn	n.	scenic site	10
九月	Jiǔyuè	n.	September	6
觉得	juéde	v.	think, feel	12
K 咖啡店	kāfēidiàn	n.	café	9
开始	kāishǐ	v.	start	7
看	kàn	v.	read, see	6
刻	kè	n.	quarter (of an hour)	7
可爱	kě'ài	adj.	cute	4
可以	kěyǐ	v.	may, can	5
肯尼亚	Kěnníyà	n.	Kenya	2
酷	kù	adj.	cool	4
裤子	kùzi	n.	trousers	8
块	kuài	measure word	currency unit of China (yuan)	8
L 来	lái	v.	come	8
篮球	lánqiú	n.	basketball	4
蓝色	lánsè	n.	blue	8
老	lǎo	adj.	old	4

180 Vocabulary list

WORD	PINYIN	PART OF SPEECH	MEANING	UNIT
老师	lǎoshī	n.	teacher	3
离	lí	v.	away from	9
理发师	lǐfàshī	n.	barber, hairdresser	3
历史	lìshǐ	n.	history	12
联系	liánxì	v./n.	contact	9
连衣裙	liányīqún	n.	one-piece dress	8
了	le	particle		7
六月	Liùyuè	n.	June	6
楼	lóu	n.	building, storey	9
路	lù	n.	road	5
路人	lùrén	n.	passerby	9
旅馆	lǚguǎn	n.	hotel	9
旅行	lǚxíng	v./n.	travel	10
绿色	lǜsè	n.	green	8
律师	lǜshī	n.	lawyer	3
伦敦	Lúndūn	n.	London	2
M 妈妈	māma	n.	mother	3
吗	ma	particle	(used to ask questions)	2
买	mǎi	v.	buy	8
毛衣	máoyī	n.	sweater	8
帽子	màozi	n.	hat	8
没问题	méi wèntí		no problem	6
没有	méiyǒu	v.	not have	7
每	měi	pron.	every, each	8
美国	Měiguó	n.	US	2
妹妹	mèimei	n.	younger sister	3
门口	ménkǒu	n.	entrance, doorway	7
秘书	mìshū	n.	secretary	3
明年	míngnián	n.	next year	6

WORD	PINYIN	PART OF SPEECH	MEANING	UNIT
明天	míngtiān	n.	tomorrow	7
明星	míngxīng	n.	celebrity	2
名字	míngzi	n.	name	1
墨尔本	Mò'ěrběn	n.	Melbourne	2
墨西哥	Mòxīgē	n.	Mexico	2
N 哪	nǎ	pron.	which	2
哪里	nǎli	pron.	where	2
哪儿	nǎr	pron.	where	9
那里	nàli	pron.	there	6
那么	nàme	conj.	then, so	12
奶奶	nǎinai	n.	grandmother	7
男	nán	n.	male	11
南边	nánbian	n.	south	9
南非	Nánfēi	n.	South Africa	2
南京	Nánjīng	n.	Nanjing	9
呢	ne	particle	(used to ask questions)	1
你	nǐ	pron.	you	1
你好	nǐ hǎo		hello	1
你们	nǐmen	pron.	you (plural)	1
年	nián	n.	year	12
年龄	niánlíng	n.	age	4
年轻	niánqīng	adj.	young	4
牛仔裤	niúzǎikù	n.	jeans	8
女士	nǚshì	n.	Ms.	1
P 爬山	páshān	v.	climb a mountain	10
拍照	pāizhào	v.	take photos	10
排球	páiqiú	n.	volleyball	11
派对	pàiduì	n.	party	6
跑步	pǎobù	v.	jog	7
朋友	péngyou	n.	friend	7

Vocabulary list 181

WORD	PINYIN	PART OF SPEECH	MEANING	UNIT
便宜	piányi	adj.	cheap	8
漂亮	piàoliang	adj.	pretty	12
乒乓球	pīngpāngqiú	n.	table tennis	11
平方米	píngfāngmǐ	measure word	square metre	9
Q 七月	Qīyuè	n.	July	6
骑	qí	v.	ride (bicycle, etc.)	10
其他	qítā	pron.	others, other	11
千	qiān	num.	thousand	12
钱	qián	n.	money	8
前边	qiánbian	n.	front	9
潜水	qiánshuǐ	v.	dive	11
请	qǐng	interj./v.	please, invite	1
请问	qǐngwèn		may I ask, excuse me	1
球	qiú	n.	ball, ball game	11
区	qū	n.	district	5
曲棍球	qūgùnqiú	n.	hockey	11
去	qù	v.	go	6
去年	qùnián	n.	last year	6
裙子	qúnzi	n.	skirt	8
R 然后	ránhòu	conj.	then	10
人	rén	n.	people	2
认识	rènshi	v.	know, get to know	1
日	rì	n.	date (written)	6
日本	Rìběn	n.	Japan	2
S 三里屯	Sānlǐtún	n.	Sanlitun, a place in Beijing	10
商店	shāngdiàn	n.	shop	9
上班	shàngbān	v.	go to work	6
上个	shàngge		last	8
上海	Shànghǎi	n.	Shanghai	4
上午	shàngwǔ	n.	morning	7

WORD	PINYIN	PART OF SPEECH	MEANING	UNIT
谁	shéi	pron.	who	4
什么	shénme	pron.	what	1
生日	shēngrì	n.	birthday	6
生日卡	shēngrìkǎ	n.	birthday card	7
省	shěng	n.	province	5
时候	shíhou	n.	time	11
时间	shíjiān	n.	time	7
实习	shíxí	v.	work as an intern	12
市	shì	n.	city	5
事	shì	n.	thing, matter	7
试	shì	v.	try	8
是	shì	v.	be	1
收到	shōudào	v.	receive	5
收件箱	shōujiànxiāng	n.	inbox	5
手机	shǒujī	n.	mobile phone	5
售货员	shòuhuòyuán	n.	shop assistant	8
书	shū	n.	book	6
书店	shūdiàn	n.	bookshop	8
暑假	shǔjià	n.	summer holiday	10
帅	shuài	adj.	handsome	4
双	shuāng	measure word	pair	8
说	shuō	v.	say	12
宿舍	sùshè	n.	dormitory	9
岁	suì	n.	year(s) old	4
T 他	tā	pron.	he, him	3
它	tā	pron.	it	10
她	tā	pron.	she, her	3
他们	tāmen	pron.	they, them	2
太	tài	adv.	very, too	7
太太	tàitai	n.	Mrs.	1

182 Vocabulary list

WORD	PINYIN	PART OF SPEECH	MEANING	UNIT
泰国	Tàiguó	n.	Thailand	2
踢	tī	v.	play (with feet), kick	11
T恤	tīxù	n.	T-shirt	8
体育场	tǐyùchǎng	n.	stadium, sports ground	11
条	tiáo	measure word		8
跳舞	tiàowǔ	v.	dance	11
听	tīng	v.	listen	7
停车场	tíngchēchǎng	n.	car park	10
同学	tóngxué	n.	schoolmate	1
头发	tóufa	n.	hair	4
退出	tuìchū	v.	exit, go back	5
W 晚饭	wǎnfàn	n.	dinner	7
晚上	wǎnshang	n.	evening	7
往	wǎng	prep.	towards	9
网球	wǎngqiú	n.	tennis	11
围巾	wéijīn	n.	scarf	8
问	wèn	v.	ask	1
问卷	wènjuàn	n.	questionnaire	11
我	wǒ	pron.	I, me	1
我们	wǒmen	pron.	we, us	6
五月	Wǔyuè	n.	May	6
X 西安	Xī'ān	n.	Xi'an	12
西边	xībian	n.	west	9
悉尼	Xīní	n.	Sydney	2
希望	xīwàng	v.	hope	11
喜欢	xǐhuan	v.	like	4
洗手间	xǐshǒujiān	n.	toilet, washroom	9
下个	xiàge		next	11
下午	xiàwǔ	n.	afternoon	7
先生	xiānsheng	n.	Mr.	9

WORD	PINYIN	PART OF SPEECH	MEANING	UNIT
现在	xiànzài	n.	now	4
香港	Xiānggǎng	n.	Hong Kong	12
想	xiǎng	v.	think, want	11
小姐	xiǎojiě	n.	Miss	1
小时	xiǎoshí	n.	hour	11
鞋	xié	n.	shoes	8
写	xiě	v.	write	7
谢谢	xièxie	v.	thank you	5
新	xīn	adj.	new	5
新加坡	Xīnjiāpō	n.	Singapore	12
新西兰	Xīnxīlán	n.	New Zealand	2
星期	xīngqī	n.	week	6
星期二	Xīngqī'èr	n.	Tuesday	6
星期六	Xīngqīliù	n.	Saturday	6
星期日	Xīngqīrì	n.	Sunday (written)	6
星期三	Xīngqīsān	n.	Wednesday	6
星期四	Xīngqīsì	n.	Thursday	6
星期天	Xīngqītiān	n.	Sunday (spoken)	6
星期五	Xīngqīwǔ	n.	Friday	6
星期一	Xīngqīyī	n.	Monday	6
姓	xìng	v./n.	surname, family name	1
性别	xìngbié	n.	gender	11
姓名	xìngmíng	n.	full name	4
熊猫	xióngmāo	n.	panda	4
修理工	xiūlǐgōng	n.	mechanic, repairman	3
休闲	xiūxián	n./v.	leisure, have leisure	11
需要	xūyào	v.	need	10
学	xué	v.	study, learn	6
学生	xuésheng	adj.	student	3
学校	xuéxiào	n.	school	3

WORD	PINYIN	PART OF SPEECH	MEANING	UNIT
Y				
颜色	yánsè	n.	colour	10
演员	yǎnyuán	n.	actor, actress	4
要	yào	v.	want	7
药店	yàodiàn	n.	pharmacy	9
爷爷	yéye	n.	grandfather	7
也	yě	adv.	also	3
野营	yěyíng	v.	go camping	12
一点儿	yìdiǎnr	quantifier	a little	8
衣服	yīfu	n.	clothes	8
一起	yìqǐ	adv.	together	7
医生	yīshēng	n.	doctor	3
一些	yìxiē	quantifier	some	10
医院	yīyuàn	n.	hospital	3
一月	Yīyuè	n.	January	6
以后	yǐhòu	n.	after	12
意大利	Yìdàlì	n.	Italy	10
音乐	yīnyuè	n.	music	7
音乐会	yīnyuèhuì	n.	concert	7
银行	yínháng	n.	bank	9
印度	Yìndù	n.	India	2
应该	yīnggāi	modal v.	should	12
英格兰	Yīnggélán	n.	England	11
英国	Yīngguó	n.	UK	2
英语	Yīngyǔ	n.	English	7
赢	yíng	v.	win	11
邮局	yóujú	n.	post office	9
游览	yóulǎn	v.	go sightseeing	10
游泳	yóuyǒng	v.	swim	11
有	yǒu	v.	have	7
有名	yǒumíng	adj.	famous	8
远	yuǎn	adj.	far away	8
月	yuè	n.	month	6

WORD	PINYIN	PART OF SPEECH	MEANING	UNIT
运动	yùndòng	n.	sports	7
运动员	yùndòngyuán	n.	athlete	4
Z 在	zài	prep.	at, in	2
早上好	zǎoshang hǎo		good morning	2
怎么	zěnme	pron.	how	9
怎么样	zěnmeyàng	pron.	how about	6
照片	zhàopiàn	n.	photo	3
这	zhè	pron.	this	3
这边	zhèbian	pron.	this way	8
这个	zhège	pron.	this	7
这儿	zhèr	pron.	here	9
这里	zhèli	pron.	here	8
真	zhēn	adv.	really, so	4
真的	zhēn de		really	6
知道	zhīdào	v.	know	4
只	zhǐ	adv.	only	12
志愿者	zhìyuànzhě	n.	volunteer	12
中餐	Zhōngcān	n.	Chinese food	6
中国	Zhōngguó	n.	China	2
中文	Zhōngwén	n.	Chinese	1
中午	zhōngwǔ	n.	noon	7
周末	zhōumò	n.	weekend	7
主意	zhǔyi	n.	idea	12
住	zhù	v.	live	2
自行车	zìxíngchē	n.	bicycle	10
走	zǒu	v.	walk, go	9
足球	zúqiú	n.	football	11
最	zuì	adv.	most	4
昨天	zuótiān	n.	yesterday	6
左右	zuǒyòu	n.	about	9
坐	zuò	v.	take (a vehicle)	10
做	zuò	v.	do	3